ELOGIOS À OBRA

Tony Volpon nasceu no Rio de Janeiro, nos anos 1960. Com dez anos, foi viver no Canadá, onde se formou em economia. Trabalhou no ministério da Fazenda canadense. Desde então, teve residência em São Paulo, Chicago, Londres e Nova York. Em NY, trabalhou no maior banco de investimento japonês, Nomura, o que abriu seus olhos para a importância da Ásia.

Décadas entre os dois hemisférios, e às duas margens do Atlântico, deram a Tony a capacidade de olhar a economia brasileira como parte do todo. Muito do que um analista meio caipira, como é meu caso, avaliaria como sendo consequência de nossos erros, ou de nossos acertos, é, como demonstrado por Tony, o papel da economia internacional e de dinâmicas alheias às nossas escolhas.

Neste livro, escrito em linguagem acessível, e que desperta interesse tanto do público geral quanto do especializado, Tony expõe sua narrativa da crise internacional de setembro de 2008 — a maior crise do capitalismo desde a grande depressão de 1929 — e como os movimentos da economia internacional afetaram a dinâmica econômica e política do Brasil. Em particular o impeachment da presidente Dilma, que, segundo Tony, é impossível de ser corretamente compreendido sem olharmos a dinâmica internacional.

Tony foi diretor da área externa do Banco Central no segundo mandato de Dilma Rousseff. Vivenciou um momento em que se cogitou a incapacidade da política monetária para controlar o surto inflacionário do período. Situação conhecida como dominância fiscal. Como participante das decisões, Tony apresenta sua leitura sobre os dilemas da escolha de política monetária naquelas circunstâncias.

O volume termina com a melhor exposição introdutória da economia chinesa que conheço em português. Recomendo fortemente a leitura.

— *Samuel Pessoa — Doutor em economia pela USP, sócio da consultoria Reliance e colunista da Folha de SP*

Tony Volpon foi muito feliz na escolha do tema de seu novo livro. *Pragmatismo sob coação* é uma interessante viagem ao passado recente. Tony varre as últimas duas décadas de forma sucinta, passando pelos governos petistas em dois momentos distintos. Nos dois, comprova a sua teoria de que os governantes acabam sendo pragmáticos em vez de confrontar os mercados. Muitos me perguntam sobre um livro de economia ligado aos mercados para indicar. Certamente indicaria este. Imperdível!

— *Rogério Xavier - Sócio fundador, SPX Capital*

O livro *Pragmatismo sob coação* traz um roteiro muito perspicaz e certeiro sobre o Brasil no período do petismo. O autor foi muito feliz em apontar outro olhar para o papel da China neste processo, evidenciando sua importância na crise mundial de 2008 e em como o mundo vive a partir daí.

Para quem quer entender de onde viemos e para aonde queremos e precisamos ir, sugiro fortemente este livro, uma leitura quase obrigatória.

— *Luiz Fernando Figueiredo - Sócio e CEO da Mauá Capital, ex-diretor do Banco Central do Brasil*

Ao provocar os leitores a esquecerem Brasília e aceitarem que o ambiente mundial tem papel central na evolução da economia brasileira, Tony Volpon revela seu modo de entendê-la. Essa visão — de um observador experiente do mercado financeiro, mas também de um participante ativo na proposição de políticas econômicas como membro da diretoria do Banco Central no segundo governo Dilma — mostra como nossa conjuntura se entrelaça com os eventos externos e como esses eventos em grande medida pautam (coagem) as políticas econômicas domésticas. Assim, ao explorar os eventos externos das últimas duas décadas e como eles moldaram a economia brasileira, Tony consegue explicar a razão do nosso sucesso e do nosso fracasso econômico, e, mais importante, o porquê de, apesar de sempre nos aproximarmos do precipício, nunca pularmos, pois também existe uma força que nos atrai de volta para dentro da montanha.

Leitura obrigatória para economistas e não economistas interessados não só no maior entendimento de como nossa economia chegou até aqui, mas também nas pistas de aonde podemos chegar e para onde devemos olhar.

— *Daniel Weeks, economista-chefe da Garde Asset Management*

Uma das principais razões pelas quais se recomenda a leitura de *Pragmatismo sob coação* é o ponto de vista privilegiado de seu autor. Tony Volpon tem ampla experiência nos dois lados do "balcão": anos e anos de batente no mercado financeiro, trabalhando nas principais instituições financeiras internacionais em Londres e em Nova York, e também uma passagem fundamental no setor público em Brasília, quando assumiu a diretoria do Banco Central em um momento crítico da economia brasileira, durante a grave recessão de 2015 e 2016.

A partir de seu argumento, de que os mercados podem influenciar as decisões de política econômica de forma eficiente, Volpon mergulha numa análise do petismo, uma vez que essa "coação" por parte do mercado encontrou exemplos perfeitos quando Luiz Inácio Lula da Silva assumiu o poder pela primeira vez em 2003 e Dilma Rousseff iniciou o seu segundo mandato em 2015. Governos com o mesmo viés ideológico, mas com resultados distintos. Nos dois exemplos, o mercado forçou uma guinada ortodoxa em termos de política econômica.

Com um texto conciso e perspicaz, Volpon explica como se deu esse processo e por que os resultados foram distintos em 2003 e 2015, contextualizando não somente o que se passava pela cabeça de quem estava no poder em Brasília, mas as dinâmicas da economia mundial que afetavam o Brasil no período em análise.

— *Fabio Alves, Colunista do Broadcast e do jornal O Estado de S. Paulo*

PRAGMATISMO SOB COAÇÃO

PRAGMATISMO SOB COAÇÃO

PETISMO e ECONOMIA em um MUNDO de CRISES

TONY VOLPON
PREFÁCIO DE EDUARDO LOYO

ALTA BOOKS
EDITORA
Rio de Janeiro, 2019

Pragmatismo Sob Coação — Petismo e economia em um mundo de crises
Copyright © 2019 da Starlin Alta Editora e Consultoria Eireli. ISBN: 978-85-508-0797-3

Todos os direitos estão reservados e protegidos por Lei. Nenhuma parte deste livro, sem autorização prévia por escrito da editora, poderá ser reproduzida ou transmitida. A violação dos Direitos Autorais é crime estabelecido na Lei nº 9.610/98 e com punição de acordo com o artigo 184 do Código Penal.

A editora não se responsabiliza pelo conteúdo da obra, formulada exclusivamente pelo(s) autor(es).

Marcas Registradas: Todos os termos mencionados e reconhecidos como Marca Registrada e/ou Comercial são de responsabilidade de seus proprietários. A editora informa não estar associada a nenhum produto e/ou fornecedor apresentado no livro.

Impresso no Brasil — 1ª Edição, 2019 — Edição revisada conforme o Acordo Ortográfico da Língua Portuguesa de 2009.

Publique seu livro com a Alta Books. Para mais informações envie um e-mail para autoria@altabooks.com.br

Obra disponível para venda corporativa e/ou personalizada. Para mais informações, fale com projetos@altabooks.com.br

Produção Editorial Editora Alta Books **Gerência Editorial** Anderson Vieira	**Produtor Editorial** Juliana de Oliveira Thiê Alves **Assistente Editorial** Illysabelle Trajano	**Marketing Editorial** marketing@altabooks.com.br **Editor de Aquisição** José Rugeri j.rugeri@altabooks.com.br	**Vendas Atacado e Varejo** Daniele Fonseca Viviane Paiva comercial@altabooks.com.br	**Ouvidoria** ouvidoria@altabooks.com.br
Equipe Editorial	Adriano Barros Bianca Teodoro Ian Verçosa	Kelry Oliveira Keyciane Botelho Larissa Lima	Leandro Lacerda Maria de Lourdes Borges Paulo Gomes	Thales Silva Thauan Gomes
Revisão Gramatical Fernanda Lutfi Luís Valdetaro	**Layout/Diagramação** Lucia Quaresma	**Capa** Bianca Teodoro		

Erratas e arquivos de apoio: No site da editora relatamos, com a devida correção, qualquer erro encontrado em nossos livros, bem como disponibilizamos arquivos de apoio se aplicáveis à obra em questão.

Acesse o site www.altabooks.com.br e procure pelo título do livro desejado para ter acesso às erratas, aos arquivos de apoio e/ou a outros conteúdos aplicáveis à obra.

Suporte Técnico: A obra é comercializada na forma em que está, sem direito a suporte técnico ou orientação pessoal/exclusiva ao leitor.

A editora não se responsabiliza pela manutenção, atualização e idioma dos sites referidos pelos autores nesta obra.

Dados Internacionais de Catalogação na Publicação (CIP) de acordo com ISBD

V933p   Volpon, Tony
          Pragmatismo sob coação: Petismo e economia em um mundo de crises / Tony Volpon. - Rio de Janeiro : Alta Books, 2019.
          240 p. ; 14cm x 21cm.

          Inclui bibliografia e índice.
          ISBN: 978-85-508-0797-3

          1. Economia. 2. Petismo. 3. Pragmatismo sob coação. I. Título.

2019-910   CDD 330
                   CDU 33

Elaborado por Vagner Rodolfo da Silva - CRB-8/9410

Rua Viúva Cláudio, 291 — Bairro Industrial do Jacaré
CEP: 20.970-031 — Rio de Janeiro (RJ)
Tels.: (21) 3278-8069 / 3278-8419
www.altabooks.com.br — altabooks@altabooks.com.br
www.facebook.com/altabooks — www.instagram.com/altabooks

ASSOCIADO — Câmara Brasileira do Livro

DEDICATÓRIA

Dedico este livro a minha esposa Blue e meus filhos Lucca e Scarlett por todo o apoio e alegria que me trazem todos os dias.

SOBRE O AUTOR

Tony Volpon é economista-chefe do UBS Brasil e professor do Mestrado Profissional em Economia da Fundação Getúlio Vargas (EESP-FGV). Foi diretor da Área Internacional do Banco Central do Brasil (2015-2016) e chefe de pesquisas para as Américas do *Nomura Securities International* em Nova York (2009-2015). Também trabalhou como operador de renda fixa para o Bank of America, Banco Safra e Banco de Boston em São Paulo, Chicago e Londres. Estudou economia na McGill University, e fez sua pós-graduação na Western University, ambas no Canadá. Publicou *Globalização e a Política: de FHC a Lula*, em 2003.

AGRADECIMENTOS

O projeto deste livro nasceu em 2014, quando trabalhava na Nomura Securities, em Nova York, com o título de "Tsunami Monetário". Uma versão inicial chegava até o início do primeiro mandato de Dilma Rousseff. Agradeço ao Ricardo Gallo por ter lido e feito detalhadas anotações no texto original.

Ao aceitar o convite da diretoria do Banco Central, vi que não podia publicar o texto como um todo. Apesar disso, decidi "extrair" a parte sobre a economia global e publicar na série de "Trabalhos para Discussão" número 423 do Banco Central com o título "Tsunami Monetário — Ciclos Monetários Internacionais e Desafios para a Economia Brasileira", em março de 2016. Quero agradecer a Altamir Lopes e sua equipe pelo paciente trabalho de comentário e revisão do texto.

Aceitando um convite feito por Yoshiaki Nakano, da FGV-SP, enquanto ainda estava na Nomura, comecei a lecionar no Mestrado Profissional em economia da EESP-FGV em 2017. Um curso baseado no texto de 2014 que me ajudou a completar este livro. Quero agradecer a todos os meus alunos do curso e ao Ricardo Rochman, coordenador do Mestrado Profissional.

À Jessica Brice, que me ajudou a repensar a estrutura do livro e o extremamente valioso trabalho de edição.

Queria agradecer a J.A. Rugeri e Illysabelle Trajano da Alta Books por terem ajudado na edição e publicação desse livro.

Sumário

Prefácio — xv

Introdução — 1

Capítulo 1: A Era do Pragmatismo sob Coação — 7

Capítulo 2: O Mundo é do Dólar — 19

Capítulo 3: Entra o Dragão — 31

Capítulo 4: O "Boom" Brasileiro em Dois Tempos — 45

Capítulo 5: Pobres Financiando Ricos — 61

Capítulo 6: Um Ciclo de Crédito "Made in China" — 73

Capítulo 7: GCF — 89

Capítulo 8: Hipertrofia Monetária — 105

Capítulo 9: A "Boa Crise" Brasileira — 119

Capítulo 10: Nova Matriz Econômica — 133

CAPÍTULO 11: Pragmatismo Sob Coação   151

CAPÍTULO 12: Nunca Jogar a Toalha   173

CAPÍTULO 13: O Breve Governo Temer   185

CONCLUSÃO: Brasil, País do Futuro que Sempre Será   189

Bibliografia   207

Índice   215

Prefácio

— *Eduardo Loyo*

Menos Brasília, mais Brasil? Tony Volpon fala disso, de passagem, nas páginas finais deste livro. Mas a ideia que ele quer martelar é outra: algo como "menos Brasília, mais economia global". Nessa versão, não se trata de uma prescrição a respeito de onde, idealmente, deveriam emanar as forças decisórias, mas da recomendação de que constatemos, em nossas análises da realidade nacional, como a economia global já exerce sobre nossos destinos influência maior do que lhe atribuímos, e Brasília, uma influência menor.

Deixando de lado as ênfases retóricas momentâneas, na narrativa em si, Volpon não radicaliza a negação da influência dos poderes federais ao advogar pelo maior reconhecimento de fatores globais. Ironicamente, não deixa de ser graças a decisões tomadas e perpetuadas em Brasília que permanecemos uma economia menos integrada ao resto do mundo do que poderíamos e deveríamos ser, em que nossa dimensão continental pese, tornando-se menos vinculada às flutuações globais. Mas é como se nosso ensimesmamento econômico produzisse uma distorção na mentalidade dos analistas que vai além da distorção que produz no mundo real, impedindo a justa atribuição às forças externas do papel que desempenham apesar de tudo, e mantivesse a mística de uma capital federal bem mais poderosa do que de fato é.

Não chega a ser essencial, mas é importante na pregação de Volpon por maior atenção aos fatores globais, em detrimento dos caprichos das autoridades nacionais, o que ele chama de "pragmatismo sob coação" — a constatação de que mesmo o que essas autoridades podem se dar ao luxo de fazer (ou de não fazer) acaba, em última instância, severamente circunscrito pelas condições globais. Isso tende a ser tão mais verdadeiro, Volpon nos lembra, quanto mais os países dependerem, no financiamento de suas dívidas públicas, de capitais intrinsecamente móveis através das fronteiras, de modo que o desendividamento é o passaporte mais promissor para maior autonomia das políticas públicas nacionais.

Volpon nos recorda de episódios notórios e muito relevantes do pragmatismo sob coação. Mas crer na importância do fenômeno, recorrente e por vezes dramático, não significa recair no extremo oposto de professar fé num determinismo absoluto ao sabor de fatores globais. Primeiro, porque há casos em que mesmo coação extrema por forças de mercado teima em não produzir a virada pragmática, ou não a deflagra tão prontamente, ou não garante a incisividade e a persistência que a virada precisaria ter nas circunstâncias vigentes. Segundo, porque a própria coação pode tardar, proporcionando aos sistemas políticos nacionais tempo e espaço para "mostrar seu futebol", para o bem ou para o mal; às vezes, a coação sobrevém, mas se reverte com tal rapidez que dá margem a um novo ciclo de complacência e deterioração. Exemplos recentes de todas essas variantes podem ser encontrados no Brasil ou na vizinhança, alguns dos quais vivamente rememorados neste livro. Eles demonstram que não se deve menosprezar a responsabilidade envolvida no livre-arbítrio que as autoridades nacionais ainda guardam, seja para insistir nos erros, mesmo diante de adversidades, seja para cometê-los com impunidade enquanto se deparam com "plata dulce". Nem, inversamente, se deve menosprezar o mérito de decisões espontaneamente corretas, quer diante de dificuldades extremas, quer em momentos de tranquilidade.

Antes que alguém se queixe de que o globalismo de Volpon induz países emergentes ao conformismo com condicionantes externos que, supostamente, não importunam economias avançadas, o autor recorre à mesma lógica na análise da crise financeira global. Também nesse episódio, as narrativas mais populares ressaltaram fatores tidos como autóctones das economias avançadas que estiveram no epicentro da crise — por exemplo, os excessos da engenharia financeira no mercado de hipotecas nos EUA, diante de políticas domésticas para ampliar o acesso à casa própria, de condições monetárias excessivamente frouxas praticadas pelo Federal

Reserve, e de falhas do sistema regulatório local. Volpon prefere, em vez disso, chamar atenção para o papel de desbalanceamentos globais – de onde vinham, quem detinha, e que instrumentos demandavam as poupanças geradas do outro lado do planeta — como determinantes não só dos fluxos agregados de capitais, mas do formato que a intermediação financeira tomou em seus centros globais, com todas as fragilidades tardia e dolorosamente reveladas.

É quando fala de China, e não das economias avançadas, que Volpon realmente se distancia do destaque que dá a interdependências e determinantes globais para os caminhos tomados pelas economias nacionais. Ele argumenta que os desenvolvimentos que condicionaram a margem de manobra da política econômica brasileira, assim como emanaram da China forças que afinal desaguaram na própria crise financeira global, vieram em grande parte da China. Mas não é uma via de mão dupla — longe disso: a dinâmica econômica chinesa é descrita, primordialmente, como resultado de um programa tecnocrático "made in China", que influencia o resto do mundo muito mais (ou de modo muito mais merecedor de destaque) do que é influenciado por ele. Para capturar a plenitude desse diagrama de forças da economia global nas últimas décadas, no espírito do rebalanceamento analítico que Volpon propõe entre determinantes locais e externos do desempenho econômico do Brasil, o adágio mais adequado talvez fosse "menos Brasília, mais Beijing".

Introdução

Tomar a decisão de escrever um livro não é fácil. Primeiro, por causa do enorme esforço e tempo dedicado — este livro, por exemplo, está sendo trabalhado desde 2014. Segundo, dada a complexidade do assunto, é tanto um empreendimento da minha parte quanto da parte do leitor. É preciso um tipo especial de leitor, que esteja disposto a se comprometer, em ser imerso no mundo tão complexo que planejo apresentar neste livro.

Qualquer raciocínio "custo versus benefício" chega facilmente à conclusão que uma empreitada dessas deve ser abandonada. Assim, sinto a necessidade de explicar a minha aparente irracionalidade em seguir adiante com esse livro. Há duas razões principais — uma pessoal, outra conceitual.

Pessoalmente, por estar há mais de vinte anos envolvido com essas questões. Ainda lembro, como se fosse ontem, o telefonema que me acordou em uma madrugada de dezembro de 1994. Um corretor em Londres me informava que o governo Mexicano havia acabado de desvalorizar sua moeda. Acabei, ainda meio sonolento, indo tomar banho debatendo comigo mesmo se isso seria algo bom ou ruim, quando, debaixo do chuveiro, decidi que era uma péssima notícia. Corri para o banco no qual trabalhava na época para tentar me desfazer de toda a posição que tinha na dívida externa brasileira o mais rápido possível, ainda assim perdendo bastante dinheiro...

Também parece que foi ontem o domingo em que estava sentado em frente a uma churrasqueira, nos Jardins, e li que o banco com o qual estava em vias de fechar um novo contrato de trabalho, o Lehman Brothers, estava prestes a declarar bancarrota (havia comprado ações do Lehman no final daquela semana por dois dólares, acreditando que, em hipótese alguma, as autoridades americanas deixariam um banco tão importante quebrar). Foi por causa da minha quase ida para o Lehman que acabei, alguns meses depois, indo para Nova York, trabalhando quase seis anos no banco de investimento japonês Nomura (considero uma obra do destino, pois minha esposa, que é americana, a quem conheci em 2012 em Nova York, trabalhava no Lehman, em Londres, quando o banco quebrou. Então, saiu do Lehman e foi trabalhar em um fundo cliente do Nomura).

Do Nomura, e eu acredito que em função do trabalho que fiz naqueles anos, tive a combinação de sorte e azar de passar pelo nosso Banco Central durante os anos críticos de 2015 e 2016. Depois dessa intensa experiência que vivi no meio de uma polarização política jamais vista, passando pela crise de 2015-2016 e o impeachment do governo petista, fui trabalhar para o Banco Suíço UBS, em São Paulo. Não por estar próximo do fim da minha história pessoal, mas há a vontade de contar um pouco dela.

A segunda — que não é totalmente sem relação com a primeira — é para você, o leitor que decidiu apostar algum tempo comigo. É minha crença que há, na esfera da percepção consensual sobre a nossa economia, política e mercados, uma série de equívocos de avaliação que persistem ao longo do tempo e prejudicam a tomada de decisão — seja de investidores, empresários ou governantes. Faço aqui neste livro uma tentativa de corrigir alguns desses equívocos.

A lista de equívocos e erros é longa, mas tem um em específico que eu quero atacar, e que foi bastante relevante e comum nesses últimos anos. Começamos por algo que assola muitos países grandes, de escala continental como o Brasil: menosprezar o resto do mundo. No nosso caso, temos a tendência de achar que quase tudo de relevante emana de Brasília. Isso simplesmente não é verdade. Juntamos a essa crença nossa falta de vontade de entender o resto do mundo e nosso conhecido traço cultural de cultuar o Estado como o fato mais importante para a economia e a sociedade.

Então, meu primeiro conselho seria: *esqueça Brasília*.

Obviamente, não estou querendo dizer isso de forma literal e absoluta. O Brasil tem uma economia relativamente fechada, que pouco se relaciona com o mundo. Brasília impõe uma enorme carga tributária e burocrática sobre a economia privada — pagamos muito para essa burocracia nos dizer o que podemos e não podemos fazer. Tudo de bom e ruim parece estar relacionado às decisões tomadas em nossa distante e peculiar capital nacional.

Quando digo "esqueça Brasília", estou falando de modo relativo. Comparada ao "resto do mundo", Brasília é muito menos importante do que o senso comum acredita.

Para a evidência desta tese, não procure mais do que os muitos sucessos dos anos Lula e, relativamente, os problemas dos anos Dilma. Em ambos os casos, tivemos governos de esquerda com visões de mundo semelhantes.[1] Então, por que o Brasil cresceu tão fortemente sob Lula e fracassou tanto com Dilma? Havia algo específico acontecendo em Brasília que poderia explicar uma mudança tão dramática nas fortunas da gestão petista da economia?

O tamanho do Estado (e não restam dúvidas: o Brasil tem um Estado muito maior que merece, precisa ou pode sustentar) pode nos enganar sobre sua onipotência, mas vamos ver como esse Estado está, na verdade, muitas vezes à deriva dos eventos globais que determinarão e estão determinando a dinâmica da nossa economia (e boa parte da política).

Entender esse fato talvez seja a razão principal para ter escrito este livro — apesar de tudo — e de você apostar seu tempo na sua leitura.

Na minha versão da história, que começa com o primeiro mandato petista, não veremos uma Brasília poderosa mandando e desmandando no destino da nação. O que veremos é uma Brasília muitas vezes perdida, até quando toma as decisões corretas, desinformada acerca das forças globais e tecnológicas abatendo-se sobre a economia, perdendo grandes oportunidades em uma sequência de erros e mal entendidos que acabou nos levando a uma sequência de crises e ao mal-estar econômico que vivemos hoje.

---

1 Há uma linha de argumento que vê grandes diferenças entre o início e o fim dos governos Lula, enaltecendo seu início. Enquanto há alguma verdade nesta visão, ela é muito condicionada a mudanças em fatores externos, como veremos adiante.

Como um país que nasceu colônia e não é, hoje, uma das mais importantes economias do mundo, a afirmação de que a economia brasileira é dependente do contexto global pode parecer óbvia e redundante. Mas pretendo argumentar que a nossa dependência externa tem de fato se acentuado ao longo do tempo, devido a radicais mudanças na estrutura da economia global e a uma crescente fragilidade da economia brasileira derivada de uma combinação de escolhas equivocadas e oportunidades perdidas.

É por causa dessa dependência externa e de nossa própria fragilidade crescente que Brasília é frequentemente instruída — voluntariamente ou por coação — a mudar sua orientação política, especialmente em períodos de restrições financeiras com países emergentes.

Em uma análise escrita em 2014, quando estava no Nomura, antes da eleição daquele ano, cunhei o termo *pragmatismo sob coação*, prevendo que — semelhante ao que tivemos após a eleição de Lula em 2002, quando ele acabou adotando uma abordagem econômica ortodoxa — o mercado levaria Dilma, no segundo mandato, a cometer certo grau de "estelionato eleitoral" em relação ao que ela defendeu durante a eleição e durante seu primeiro mandato e governar de forma mais conservadora e pragmática — surpreendendo tanto investidores como seus seguidores.

Me surpreendeu quando minha afirmação de que os mercados poderiam influenciar as decisões de política econômica de maneira eficiente e inescapável se tornou uma pequena *cause celebre* da esquerda brasileira. Fui criticado e atacado, minha previsão denunciada como exemplo de "terrorismo econômico".

O alvoroço que causei em 2014 e o fato de que provavelmente irei reacender aquele debate com esta publicação parece ser apenas mais uma razão para não aceitar o desafio de escrever este livro. Mas, nos anos desde que escrevi aquela análise, acredito que o conceito se tornou mais relevante, e é aí que minha motivação pessoal para escrever este livro e minha segunda motivação — para ajudá-lo a entender por que isso é mais importante do que nunca — convergem.

O que acabamos vendo no final de 2014 e início de 2015, com a reeleição de Dilma, foi exatamente o que imaginei: uma virada em direção a uma política monetária e fiscal mais conservadora, com ajuste nos gastos discricionários e um aperto severo das taxas de juros para iniciar o processo de controlar as expectativas de inflação.

O convite feito após a reeleição de Dilma para que Joaquim Levy assumisse como ministro da Fazenda confirmou, em minha opinião, a tese do pragmatismo sob coação.

Ainda assim, para dizer o óbvio, o convite que me foi feito após a nomeação de Levy para ingressar na diretoria do Banco Central, em novembro de 2014, quando eu ainda estava no Nomura, me pegou totalmente de surpresa. Eu tinha passado os últimos anos publicamente criticando o governo Dilma — inclusive a atuação do Banco Central sob o comando de Alexandre Tombini — e não fiz grandes esforços para esconder meu apoio à oposição na eleição de 2014.

O que acabou acontecendo no governo Dilma, e logo depois no "breve" governo Temer, será parte da nossa história. Em função da crescente fragilidade fiscal que esses dois governos não conseguiram reverter — cada um de sua maneira fracassou na questão fiscal — os próximos anos estarão, mais do que nunca, à sombra do *pragmatismo sob coação*.

Os vetores poderosos, domésticos e externos, que condicionaram a economia brasileira forçarão novamente o próximo governo, e a todos os governos até o Brasil finalmente adotar uma posição fiscal sustentável, a cometer certo grau de "estelionato eleitoral". Nas próximas centenas de páginas, explicarei a você, leitor, o que são essas forças e como — ao longo das últimas décadas — elas se tornaram mais importantes do que Brasília jamais será.

Uma consideração final: gostaria de deixar claro que as posições que tomo nesse livro são inteiramente minhas. Hoje, enquanto atuo como economista-chefe para o Brasil do UBS em São Paulo, minhas opiniões expressas aqui não representam as opiniões do banco e não foram discutidas com o UBS.

CAPÍTULO 1

A Era do Pragmatismo sob Coação

- A crise eleitoral de 2002 ajudou no posterior crescimento econômico, quando o governo do PT fez uma opção ortodoxa na economia.

- O ano de 2002 foi um exemplo do princípio de "pragmatismo sob coação", no qual a estabilidade política – e, portanto, o sucesso de qualquer governo, inclusive governos de esquerda – está ligada à estabilidade financeira.

- Oscilações nas condições econômicas e financeiras globais acentuam o nível de "coação". Devido à ascensão econômica da China, os ajustes globais têm sido o grande vetor dos últimos vinte anos, junto com os efeitos e consequências da Grande Crise Financeira (GCF) de 2008.

Do ponto de vista de 2002, o que se poderia esperar do primeiro governo de Luiz Inácio Lula da Silva? Sua eleição tinha colocado a economia brasileira em uma situação bastante difícil, fruto da desconfiança generalizada dos mercados financeiros com as futuras intenções do candidato petista.

No final de 2001, o Partido dos Trabalhadores (PT) lançou um manifesto de campanha propondo uma "ruptura necessária" com o modelo econômico vigente. Assim, quando Lula começou a despontar nas pesquisas, o mercado começou a reagir muito negativamente. À luz do que acabou acontecendo, talvez seja difícil entender o grau de pânico que a eleição do PT gerou nos mercados financeiros naquela época.

Em reação, Lula apresentou em junho a "Carta ao povo brasileiro", que configurou uma forte mudança em relação ao recém-lançado plano de governo do partido, prometendo "respeitar" contratos e obrigações do país, explicitando a promessa de manter o pagamento das dívidas externa e interna.

Nada funcionou, inclusive o apoio dado por Lula ao pacote negociado com o Fundo Monetário Internacional (FMI) em outubro daquele ano, que o país se comprometia a seguir uma política macroeconômica ortodoxa, com uma meta de superávit primário de 3,75% do PIB até 2005.

O pânico do mercado levou o dólar a atingir seu ponto máximo em relação ao real (descontando a inflação, os valores de 2002 nunca mais foram atingidos). A taxa de câmbio efetiva real caiu 78% no total. A queda anual, somente de 2002 até outubro daquele ano, foi de mais de 20%.

Além disso, o ambiente global não era nada favorável. Alguém poderia facilmente argumentar que a situação naquele período era tão ruim como a de qualquer outro momento dos anos 1990 e suas várias crises financeiras.

O mundo ainda sentia os efeitos da recente quebra da bolha da internet nos EUA dois anos antes. Tínhamos também os efeitos na economia global dos recentes ataques às torres gêmeas, abrindo um período de instabilidade e guerras no Oriente Médio.

Havia outros problemas mais perto de casa. A Argentina acabava de sair da sua insustentável experiência com um *currency board* que tentou fixar o valor do peso ao dólar americano, deflagrando um dos maiores calotes de dívida da história. Sua economia mergulhava na maior depressão desde os anos 1930.

Para além da Argentina, o FMI alertava em seu *World Economic Report* de 2002 que:

> *(A crise na Argentina) tem tido o efeito de alertar os investidores sobre as vulnerabilidades subjacentes que persistem na região. Em particular, o recente aumento nas dificuldades que muitas das economias regionais têm é decorrente da interação entre incertezas políticas e fraquezas econômicas, inclusive alto endividamento, altas necessidades de financiamento externo e – em alguns casos – fragilidade em seus sistemas bancários. Além disso, a deterioração do sentimento dos mercados com o Brasil – com a maior necessidade de financiamento externo da região – talvez tenha aumentado as dificuldades enfrentadas por outras economias da América Latina.*[1]

Desta forma, o FMI classificou o Brasil, ao lado da Argentina, como um país que sofria de "deterioração do sentimento dos mercados", o que foi a maneira politicamente correta de apontar o forte ataque especulativo preventivo que o Brasil enfrentava em função da iminente vitória do PT na eleição presidencial daquele ano.

Qual o motivo pelo qual a eventualidade de um governo PT causou tanto medo entre os participantes do mercado?

No Brasil, devido à nossa crônica fragilidade fiscal, um governo só é estável se convencer uma grande gama de agentes econômicos — e o mercado financeiro *strictu senso* é uma parte pequena e "agenciada" deste complexo — que sua riqueza, alocada na dívida do Estado, será preservada ao longo do tempo.

---

1 International Monetary Fund, *World Economic Outlook*, outubro de 2002, p.29 (tradução do autor).

Em outras palavras, o temor era de que a estabilidade financeira sofreria quando Lula assumisse o cargo e o governo mudasse para a esquerda, evento inédito na história do país.

Mas, no início, a ação do novo governo petista foi praticamente contrária ao que previa o mercado financeiro. Não tivemos uma virada à esquerda, mas um ajuste ortodoxo. Um dos primeiros passos de Lula foi a nomeação de Antonio Palocci para a Fazenda e a criação de uma equipe econômica com credenciais ortodoxas — incluindo o ex-economista do FMI Joaquim Levy como secretário do Tesouro e o economista Marcos Lisboa como secretário da Fazenda.

Ao longo do tempo, de forma gradual e consistente, os mercados se acalmaram, e o déficit fiscal nominal, que tinha chegado perto de 6% do PIB em 2003, voltou rapidamente para gerenciáveis 3% em 2004.

Outro fator que explicou o sucesso inicial do governo Lula foi o efeito benéfico que a desvalorização cambial, causada pela própria crise deflagrada pela perspectiva de eleição do PT, teve na economia.

Muitos são os debates sobre os efeitos do nível do câmbio na economia, um inesgotável tema de discussão entre economistas. Seria o nível de câmbio um resultado do equilíbrio da economia, ou seria a taxa de câmbio uma variável da própria política econômica?

Na medida em que parte dessa mudança no nível do câmbio causada pela eleição de Lula ocorreu em função de um fator exógeno — uma percepção subjetiva de risco político devido à eleição de um governo de esquerda —, um fator importante foi a resposta da política econômica a esse choque, principalmente o grau de aperto monetário para minimizar os efeitos inflacionários da desvalorização.

Após a eleição, optou-se por apertar as políticas fiscais e monetárias, o que teve o efeito de transformar a desvalorização nominal do câmbio em uma desvalorização real, com efeitos positivos para a competitividade externa da economia.

No entanto, pelo menos inicialmente, houve um custo: o nível de consumo caiu nos últimos trimestres de 2003. Mas as exportações subiram

10,4%, com as importações caindo 1,6%. Uma taxa cambial competitiva transformou a demanda externa no mais importante componente da demanda agregada, em ambiente de volta da confiança, a economia já crescia robustos 5,7% ao ano no final de 2004.

Perceba a ironia dessa situação. Um ataque especulativo *contra* um candidato de esquerda acabou gerando exatamente a situação desejada por alguns economistas: uma taxa de câmbio "competitiva" pela forte queda na demanda agregada causada pela crise política, que, por um período, gerou condições excepcionais de competitividade na economia.

O impacto da desvalorização cambial, junto com a opção inicial do novo governo pela estabilidade, foi estupendo. Além da aceleração do crescimento, e apesar da relativa estabilidade dos termos de troca (a razão entre os preços em dólares das nossas exportações versus importações), houve grande melhora nas contas externas. Em junho de 2003, o Brasil começou a ter superávit nas suas contas-correntes, o que durou até o início de 2008.

Como é possível que um homem tão temido pelos mercados tenha feito exatamente o que os mercados exigiam? O que vimos, na verdade, foi um exemplo — e não o último — do que cunhei em 2014 como *pragmatismo sob coação*.

Vamos explorar o termo ao longo do livro, mas podemos explicar este mecanismo de forma simples.

A grande dívida do Estado brasileiro, acumulada depois de anos de déficits fiscais, acaba sendo uma parte importante da riqueza daqueles que financiam essa dívida ao longo do tempo, que em nosso caso (diferente de outros países emergentes em situação semelhante) seriam, principalmente, investidores nacionais. Assim, a interseção entre aqueles que financiam essa dívida e a classe política, com a sofisticação financeira dos nossos mercados, gera uma situação na qual a estabilidade política está ligada à estabilidade financeira.

A única solução para diminuir o pragmatismo sob coação seria diminuir a fragilidade fiscal ou aumentar de forma significativa a repressão financeira (podemos imaginar uma combinação dos dois). Já que a segunda opção não casa bem com uma democracia representativa, e geraria forte pressão política e econômica, o único caminho realmente viável seria reduzir a fragilidade fiscal até o ponto em que o mercado se tornaria um fator irrelevante para a política.

Essa dinâmica pode ser acentuada ou diminuída pelo momento da economia global. Quando há forte crescimento global e otimismo, o que o mercado aceita, em termos de demandas sobre a questão fiscal e financeira, pode diminuir. Ao contrário, em momentos de crise global, pode ser que não haja nada que o governo possa fazer para agradar o mercado.

Períodos de eleições são críticos, não apenas pela possível troca de comando em Brasília, mas porque um novo governo tem, normalmente, uma janela de oportunidade de fazer grandes mudanças — e assim compensar a paralisia política causada pelo início da campanha eleitoral.

Vale a pena tentar explicar em mais detalhes essa evolução inesperada entre o candidato Lula e o presidente Lula, não apenas por ter sido um momento importante, mas por ser um exemplo de um fenômeno político-econômico típico e que se repetiu na transição do primeiro para o segundo mandato de Dilma Rousseff, mas com um resultado final bastante diferente nesse caso.

Se há uma lição central do pensamento econômico quando se analisa o comportamento individual, é a importância de incentivos, que são essencialmente fruto do contexto em que as decisões são tomadas. Então não tem nada de estranho em ver comportamentos diversos dos mesmos indivíduos em situações diferentes e com incentivos distintos.[2]

Devemos notar que isso vai contra o senso comum. Normalmente, imagina-se que pessoas agem de forma consistente com a sua personalidade, o "agregado" de seus conhecimentos, crenças, experiências etc. Esse conjunto

---

2 A questão de como as reações dos mercados interagem com a política em períodos eleitorais, não só no Brasil, mas no resto da América latina, já é fruto de vários estudos. A cientista política brasileira Daniela Campello tem feito importante trabalho nessa área. Ver Daniella Campello, *The Politics of Market Discipline in Latin America: Globalization and Democracy*, Cambridge University Press, 2015.

mais ou menos fixo garantiria consistência no comportamento. Mas, na verdade, o mais importante seriam os incentivos que a pessoa enfrenta.

Entretanto, em vez de seguir um caminho inabalável, os resultados da pressão do mercado sobre governos de esquerda, tanto durante o processo eleitoral como durante o início de suas administrações, depende de maneira crucial das condições financeiras internacionais. Especificamente, se há ou não uma "abundância ou escassez" de financiamento externo disponível a esses países devido a dois importantes fatores exógenos: o nível dos preços de matérias-primas nos mercados globais e o nível de juros nas economias centrais (principalmente os EUA).

Isso leva à principal conclusão que exploraremos mais profundamente em capítulos posteriores: o nível de autonomia de governos de esquerda aumenta em condições de abundância de capital ligada à alta dos preços das exportações e à liquidez internacional. O que tem a seguinte implicação: governos eleitos de esquerda devem, em situação de escassez de capital externo, mudar a sua orientação e governar de forma mais ortodoxa. Devem cometer o que muitos chamam de "estelionato eleitoral", a adoção de políticas mais pragmáticas do que as defendidas durante a eleição.

Como já disse, a nossa dependência externa tem de fato se acentuado ao longo do tempo devido a radicais mudanças na estrutura da economia global e a uma crescente fragilidade da economia brasileira por causa de escolhas equivocadas.

A grande novidade global, o fato que mudou tudo, foi a ascensão da China como potência. Como pretendo argumentar adiante, muito da história dos vinte anos sobre a economia global pode ser contada do ponto de vista dessa ascensão, e como diferentes economias têm se ajustado, ou melhor, *mal ajustado*, à China. Nosso grande pecado dos últimos vinte anos foi não ter sabido como se aproveitar adequadamente do *fator* China. Como veremos, os Estados Unidos não se saíram muito melhor nesse quesito.

Enquanto a China é a grande novidade, o outro grande fator vem do fato de que o padrão monetário internacional desde a Segunda Guerra está ligado ao dólar americano. O fim do sistema Bretton Woods no início dos anos 1970 não levou a uma mudança de padrão do sistema monetário e financeiro internacional, que permaneceu calcado no dólar americano. Desta forma, conforme os mercados financeiros se globalizaram, a partir dos anos 1980, oscilações na postura monetária americana começaram a impactar outras economias, gerando ciclos financeiros em escala global.

Portanto, existem dois grandes "vetores" atuando continuamente na economia brasileira. De um lado, oscilações nos níveis de liquidez global, em grande parte determinada pelas reações do sistema financeiro à política monetária americana e a inovações e apetite ao risco dos mercados financeiros em termos globais. Do outro, os impactos sobre o crescimento global, e mais especificamente nos mercados de commodities internacionais, das oscilações da economia chinesa.

Atualmente, o que torna a situação global muito mais complexa é o fato de esses dois "vetores" se condicionarem mutualmente e nem sempre "puxarem" a economia brasileira na mesma direção.

O período entre 2010 e 2015, quando os Estados Unidos estavam começando a recuperação mais acentuada de sua economia depois da crise de 2008, coincidiu com a desaceleração gradual do crescimento chinês, o que acabou contribuindo para a crise na economia brasileira. A desaceleração chinesa acabou culminando na crise da desvalorização cambial de 2015, que teve papel importante na acentuação da recessão no Brasil, fator econômico principal por trás do impeachment do governo Dilma.

O que acontece na China também impacta a liquidez global e a política monetária americana, e esses fatores impactam a economia chinesa. Antes da ascensão chinesa, a economia global era mais simples. Tínhamos somente uma economia hegemônica: a americana. E, ao mesmo tempo, tínhamos conta de capitais e investimentos financeiros entre países relativamente fechados, o que implicava menor importância de choques externos.

Podemos imaginar a economia global como um sistema planetário, no qual todos os objetos têm alguma influência sobre os outros por meio da força da gravidade. O que torna nosso sistema planetário relativamente estável é o fato de seus vários planetas, luas e meteoritos girarem ao redor de um objeto principal: o sol. Por seu tamanho e centralidade, o sol ancora todo o sistema. Economicamente, nas décadas entre a Segunda Guerra Mundial e a ascensão da China, nosso sol singular era, sem dúvida, os Estados Unidos.

Mas há outras variantes possíveis. Um sistema planetário pode ter dois sóis. Nesse caso, os planetas e as luas são presos por uma intensa interação gravitacional entre esses sóis, o que pode gerar dinâmicas altamente instáveis e caóticas do sistema como um todo. Hoje, o Brasil, assim como vários mercados emergentes, é puxado em uma direção pelos EUA e seu domínio financeiro, e arrancados — às vezes em uma direção oposta.

Apesar de ser uma economia relativamente fechada, a combinação desses dois vetores, em especial quando há mudanças bruscas e inesperadas, tem efeito determinante em nossa economia.

Após a Grande Depressão e a Segunda Guerra, a economia mundial ficou relativamente fechada, sobretudo a fluxos de capitais. Isso acabou sendo sacramentado na Conferência Bretton Woods, que organizou a economia global ao redor dos Estados Unidos e do dólar americano. Grande parte da história posterior é acerca do desmonte gradual e o eventual abandono do sistema Bretton Woods, e a transformação do padrão financeiro global calcado no dólar americano. Esse desmonte se deu em parte por um processo de abertura das contas-correntes e de capitais. Alguns países, a maioria deles asiática, decidiram abrir mais rapidamente suas contas-correntes, integrando-se ao mundo comercialmente, com o objetivo de se tornarem exportadores competitivos. Outras — inclusive muitas economias latinas — focaram em abrir suas contas de capitais para atrair financiamento externo de seus déficits enquanto protegiam suas indústrias locais por trás de grandes barreiras comerciais.

Sem sombra de dúvida, a experiência prática demonstra que a opção asiática funcionou melhor.[3]

No caso específico do Brasil, nossas escolhas nos levaram a ter uma conta de capital relativamente aberta, com uma conta-corrente relativamente fechada. De um lado, estamos dispostos a aceitar financiamento externo e permitir que investidores tenham relativa facilidade de entrar e sair do sistema financeiro nacional. Do outro, exportamos e importamos muito pouco, deixando nossa economia fechada atrás de grandes barreiras tarifárias, qualitativas e tributárias.

Essas escolhas tiveram grandes consequências para a economia brasileira. Se nos anos 1980 nossos problemas eram concentrados na dívida externa, hoje ela se concentra no, muito maior, endividamento total em moeda local, que está perto dos 80% do PIB, o dobro da média dos países emergentes. Nossa incapacidade crônica de gerir a questão fiscal de forma adequada gera um grande estoque de dívida na mão do mercado, que precisa ser continuamente rolado. Para piorar as coisas, desde 2014 também temos um novo fluxo de dívida, fruto de grandes déficits primários. Sendo assim, oscilações nas condições de liquidez global têm grandes efeitos sobre as condições financeiras domésticas e o humor dos detentores das dívidas dos nossos governos, além de vivermos sob constante ameaça de crises financeiras e de confiança por parte dos investidores, o que tem importantes consequências políticas, como veremos adiante.

Do lado da conta-corrente, nosso grau de fechamento tem concentrado nossas exportações em um pequeno grupo de commodities, no qual o Brasil tem vantagem comparativa natural.[4] E a China, pelo seu tamanho, modelo

---

3   Isso não significa necessariamente que países como o Brasil tinham a verdadeira opção de trilhar o caminho asiático. Esse caminho implica um equilíbrio político distinto, focado na busca incessante pela produtividade como alicerce da competitividade externa, o que gera, em grande parte, a repressão do consumo — tema que analisaremos na questão chinesa mais adiante. Não é trivial, como afirmam alguns dos nossos desenvolvimentistas, que essa escolha poderia ter sido feita aqui, ou a afirmação ainda mais dúbia de que ela poderia ser imposta basicamente por certa política cambial, à parte de um projeto que busca a competitividade via produtividade e abertura comercial.

4   As exportações da Embraer são a exceção que comprova a regra.

de crescimento e estágio de desenvolvimento, é a economia que consome grande parte desses tipos de bens e os "precifica" nos mercados globais.

Assim, a economia brasileira se vê impactada, para o bem e para o mal, pelas oscilações do nível de liquidez global e pela economia chinesa. Apesar de sermos uma grande economia continental fechada, nosso comportamento muitas vezes se assemelha a uma pequena economia aberta (fato desconhecido por muitos economistas brasileiros). Esses elementos são a chave para entender o relativo sucesso lulista e — como veremos mais para frente — as eventuais dificuldades e fracassos do período dilmista.

Para demonstrar como temos o infeliz hábito de supervalorizar Brasília e como essa insensatez pode levar a consequências devastadoras, é importante compreender plenamente tudo o que aconteceu nas últimas décadas para nos trazer até este momento. Embora haja um consenso entre economistas, investidores, políticos e acadêmicos de que o mundo mudou, esses grupos frequentemente subestimam como essas mudanças ampliaram os impactos das forças externas, ao mesmo tempo em que silenciaram a influência de Brasília.

Portanto, parece-me necessário começar nosso trabalho discutindo esse "resto do mundo" antes de apresentar minha narrativa alternativa de nossa recente história econômica.

CAPÍTULO 2

O Mundo é do Dólar

- A Grande Crise Financeira (GCF) de 2008 foi o mais importante evento da economia global das últimas décadas, e ainda hoje define boa parte da agenda econômica.

- Apesar de já ter passado dez anos desde a GCF, há ainda muito desentendimento sobre suas causas e consequências.

- Os ajustes e efeitos da entrada da China na economia global são a principal explicação da GCF. Inicialmente, houve uma troca benéfica de déficits e superávits comerciais e financeiros entre a China e o resto do mundo, levando ao "boom" que antecedeu a GCF e coincidiu com o período de Lula na presidência.

- Houve, do lado da China, a repressão do consumo como estratégia de crescimento acelerado por meio de seu setor externo. Do lado dos outros países desenvolvidos, houve uma crescente elasticidade financeira para incentivar o consumo.

- Mas a forma de transferência de poupança da "pobre" China para os países consumidores ricos gerou um "risco de crédito residual" que, por fim, levou à GCF e ao final do ciclo de crescimento global.

A história recente da economia global, e que ainda está longe de seu fim, é sobre a transição de um mundo econômico unipolar para um mundo econômico bipolar, e todas as consequências, inclusive as geopolíticas, que essa transição nos traz.

Como já comentamos, a supervalorização de Brasília e a falta de atenção a fatores externos são os erros analíticos mais comuns ao tentar entender o que está acontecendo na economia brasileira. Por mais que alguns insistam, o rabo não abana o cachorro.

Os efeitos, consequências e reações à *Grande Crise Financeira de 2007-2009* ainda condicionam a economia global. Mas, apesar de ter ocorrido há mais de uma década, ainda existe muito desentendimento a seu respeito.

Os eventos da crise ainda ditam boa parte da agenda econômica atual. O contexto da política em muitos países, como a irrupção de vários tipos de populismo, estão, em parte, sendo determinados pelas consequências da GCF. Como no caso da Grande Depressão dos anos 1930, que condicionou o contexto econômico e político até pelo menos a Segunda Guerra Mundial, a GCF é um dos pontos nevrálgicos do nosso tempo.

Há outras razões que colocam a GCF no centro do debate contemporâneo. A narrativa convencional sobre a GCF é apresentada de forma "moralizada" acerca de suas causas: a crise é, normalmente, descrita como resultado dos excessos de um sistema financeiro "fora de controle", aliado à complacência dos reguladores. Sem querer assinar nenhum atestado de inocência para ninguém, quero demonstrar que muitos dos considerados "excessos" que levaram à GCF foram, na verdade, reações e respostas a fatores estruturais, junto a escolhas políticas de alguns países em função da forma peculiar de reação da economia mundial à China e sua estratégia de crescimento. Antecipando nossa explicação a respeito dos eventos da economia global e seus efeitos sobre o Brasil, quero argumentar que as causas da crise não são realmente encontradas apenas nas supostas falhas morais de um grupo de banqueiros, mas sim nas respostas inadequadas que o ocidente deu à entrada da China na economia global. Incluo o Brasil na lista de países que não souberam lidar com os desafios apresentados pela China nas últimas décadas.

Quero defender a seguinte tese. Entre a crise asiática de 1997 e a GCF houve um aumento significativo das relações financeiras globais que podemos conceituar como *uma troca mútua e benéfica de déficits e superávits comerciais e financeiros*. O que possibilitou o ingresso de milhões de trabalhadores (em grande parte asiáticos), aumentando a oferta agregada global. A baixa inflação global durante essa época, o que alguns chamam de a "Grande Moderação", foi em grande parte devido a esse choque positivo de oferta.

Do outro lado, essa troca de déficits e novas formas de intermediação de riscos financeiros *favoreceu a expansão da demanda agregada*, especialmente em países desenvolvidos, sobretudo nos EUA. Levando em conta os modelos de crescimento da China e de alguns emergentes via *repressão do consumo*, por mais que isso pareça ser algo sem sentido, esses países pobres tinham que financiar o consumo dos países ricos e deficitários como os EUA.

Mas essa sistemática escondia uma contradição inerente e cumulativa. Os países superavitários, como a China, estavam dispostos a "fornecer" sua poupança para financiar os déficits em conta-corrente dos países deficitários, e dispostos a aceitar os riscos desse financiamento, fruto da acumulação de reservas internacionais em dólares por seus bancos centrais.

Mas a demanda por financiamento veio dos consumidores dos países ricos, o que gerou passivos no setor privado. Esses passivos, em sua maioria dívidas usadas para comprar imóveis, não carregavam somente risco cambial e de juros, mas de crédito. No entanto, a decisão de prover poupança foi feita via acumulação de reservas por bancos centrais dos países pobres, e esses bancos centrais *são, em geral, avessos a carregar risco de crédito em suas carteiras de investimento*.

Assim, ocorreu *um profundo e crescente descasamento entre a provisão de poupança*, de um lado, que só aceitava acumular ativos do setor público, e do risco de crédito do setor privado, tomador final dos recursos.

O risco de crédito acabou sendo cindido do risco cambial,[1] muitas vezes pelo uso de mecanismos de engenharia financeira. *O risco de crédito acabou sendo um residual indesejado* na relação dual e simbiótica entre economias deficitárias-ricas e superavitárias-pobres em nível global. O mercado financeiro foi incentivado (e, no início do ciclo, muito bem pago) para achar maneiras de cindir e redistribuir o indesejado *risco de crédito residual*.

Então, para onde foi esse risco de crédito? *Para dentro do próprio mercado financeiro*. Apesar de toda a complexidade, e aparente genialidade da engenharia financeira da época, os diferentes riscos sempre "morrem na mão" de alguém. E, nesse caso, foi o próprio mercado financeiro, incluindo o sistematicamente importante setor bancário, que absorveu o crescente risco de crédito. O claro "inchamento" do setor e a crescente "financeirização" da economia global, como o surgimento do sistema de *shadow banking* nesta época, foram sintomas da necessidade de colocar esse risco de crédito em algum lugar para a relação entre países deficitários e superavitários se expandir e se sustentar ao longo do tempo.

Assim, muitas das criticadas inovações financeiras do período anterior à GCF, que muitos acreditam terem sido *causas* da GCF, na verdade foram *respostas* à necessidade de cindir e redistribuir o risco de crédito residual gerado pelo financiamento dos consumidores de países desenvolvidos pela acumulação de reservas feitas por países pobres.

Por algum tempo, o sistema funcionou muito bem e de forma eficiente, e o mundo viu um período de forte crescimento que ajudou a tirar milhões da pobreza, inclusive no Brasil durante os anos de Lula na presidência. A acumulação do risco de crédito dentro do sistema financeiro também funcionou por algum tempo, já que *o próprio processo de acumulação*

---

1 Um título de renda fixa sofre três tipos de riscos: queda de valor devido ao não pagamento; risco de crédito; perda devido a uma alta inesperada da inflação; e, se comprada por um estrangeiro, desvalorização da moeda de denominação. Se um título do Tesouro americano é "risk free", e levando em conta que um investidor estrangeiro não sofre as consequências da alta de inflação em outro país, o que realmente importa é o risco cambial (estou simplificando porque uma alta da inflação pode ser acompanhada de uma desvalorização da moeda).

elevou os preços dos ativos incentivando a acumulação de risco. Portanto, essas forças impulsionaram o ciclo de crédito desses anos, inflando os lucros do sistema financeiro como um todo.

Entretanto, o processo era instável, já que o sistema não tinha capacidade infinita de acumular riscos. *O próprio processo de acumulação gera uma dinâmica de retornos decrescente*: toda vez que um ativo sobe de preço sem que haja uma equivalente alta no valor presente de seus rendimentos (isto é, toda vez que o investidor aceita pagar um "múltiplo" mais alto pela mesma unidade de retorno esperado no futuro), *o retorno esperado cai*. O otimismo natural do processo especulativo na sua fase de alta de preços normalmente leva investidores a aceitar essa queda de retornos esperados. Nesse caso, o retorno do capital investido também cai, o que leva muitos a aumentarem seus níveis de alavancagem para manter níveis iguais de retorno sobre o capital investido. Gerando *crescente* fragilidade financeira sistêmica, isto é, o risco de quebra das instituições envolvidas a qualquer choque exógeno aumenta.

Vamos ver aqui como a questão do lugar primordial do dólar americano na economia global — padrão monetário de maior importância que o tamanho da economia americana — teve impacto nos acontecimentos que nos levaram à GCF e a todos os seus posteriores efeitos sobre a economia e a política brasileiras.

Os Anos Dourados

O historiador inglês e marxista Eric Hobsbawm chamou essa época do pós-guerra de "os anos dourados". O conflito de classe, algo constante com a industrialização do século XIX, e que se acentuou no período entre as guerras mundiais, parecia estar resolvido. Como nota Hobsbawm,[2] houve uma profunda reforma do capitalismo, com a adoção de uma visão

---

[2] "Todos os problemas que perseguiam o capitalismo em sua era de catástrofe pareciam dissolver-se e desaparecer (...) naturalmente, a maior parte da humanidade continuava pobre, mas nos velhos centros industrializados (...) (os) trabalhadores agora esperavam possuir carro e passar férias remuneradas nas praias." Eric Hobsbawm, *Era dos extremos: o breve século XX 1914-1991*, Companhia das Letras, 1995, p.262.

ativista do Estado, que culminou na onda tecnocrática dos anos 1960 e seus programas de engenharia social, como a *Great Society* do presidente Lyndon Johnson nos EUA.

FASES PRINCIPAIS NA HISTÓRIA DA CLASSE "MÉDIA" TRABALHADORA AMERICANA

1910-1940s: A sindicalização e o fim dos fluxos de imigração proporcionaram aos trabalhadores maior poder de barganha.

1940-1960s: A reconstrução do pós-guerra transformou os EUA na "fábrica do mundo". O padrão de vida da classe média trabalhadora continuava aumentando.

1970-1980s: O ressurgimento do Japão e da Alemanha como centros industriais desafiou o domínio industrial dos EUA. O aumento das importações dos EUA pressionou os salários entre os trabalhadores. Enquanto isso, o fim do sistema de Bretton Woods preparou o terreno para expansões de crédito.

1990s-2007: A China explode no cenário mundial como uma potência de produção. Diante da pressão descendente dos salários e da reversão dos ganhos de trabalho da classe média, a resposta da política dos EUA é voltada para aumentar o acesso ao crédito, em vez da redistribuição de renda.

2008-Presente: Na esteira da Grande Crise Financeira, o padrão de vida da classe média trabalhadora sofre dramaticamente, levando ao sucesso da política populista voltada ao trabalhador "esquecido".

Por que essa guinada progressista? A razão parece simples: a organização política da classe trabalhadora, junto com a progressiva escassez de mão de obra "produtiva" — isto é, com acesso a capital industrial — fez crescer o poder de barganha da classe trabalhadora americana. Ela se torna a primeira classe consumidora que não pertencia a alguma elite comercial, política, religiosa ou militar, a primeira "classe média" de trabalhadores.

Vale a pena, aqui, fazer uma pequena tangente. O progressivo avanço da classe trabalhadora implicou, ao longo do tempo, uma maior rigidez salarial. Assim, enfrentando um choque negativo de demanda, tornar a queda nominal de salários a variável de ajuste já não era tão fácil. Isso acabou com a "economia clássica" — a de Adam Smith e David Ricardo — em seu sentido prático, já que o mundo não funcionava mais da maneira descrita por eles. Também tornou o sistema monetário baseado no padrão-ouro instável: sem as "desvalorizações internas" via queda de preços e salários, choques negativos de demanda, que não geravam ajustes nominais, resultavam na perda de reservas internacionais, o que pode gerar desvalorizações cambiais, quebrando a relação da moeda com o ouro — cenário que se repetiu durante a Grande Depressão.

Na prática, percebeu-se que rigidez nominal de salários e estabilidade econômica só seriam compatíveis com algum grau de flexibilidade cambial e um gerenciamento da demanda agregada. Boa parte da "Teoria Geral" de John Maynard Keynes foi uma teorização de algo que muitos já tinham percebido na prática — ainda que não em uma bem articulada teoria — antes de 1936.[3] *Sem o salário nominal como variável de ajuste, a resposta a choques negativos de demanda seria a criação de choques positivos de demanda via políticas macroeconômicas* (se seria via políticas fiscais ou monetárias seria outro debate).

Retomando nossa narrativa. Tínhamos um mundo pouco globalizado após a Segunda Guerra, até porque boa parte do mundo foi devastada. Na conferência de Bretton Woods, em 1944, na qual as nações aliadas

---

[3] Para uma detalhada demonstração dos antecedentes da "revolução" de Keynes, veja David Laidler, *Fabricating the Keynesian Revolution: Studies of the Inter-war Literature on Money, theCcycle and Unemployment*, Cambridge University Press, 1999.

se reuniram para estabelecer um sistema de gestão monetária para governar as relações comerciais e financeiras entre si, os EUA se opuseram às tentativas do economista britânico John Maynard Keynes de criar uma unidade monetária mundial e uma nova autoridade monetária.[4] Em vez disso, os EUA, único poder econômico da época, insistiu que a moeda americana — apoiada pelo ouro — atuasse como a nova âncora nominal.

Foi acertada a conversão da conta-corrente por meio de um sistema de comércio internacional multilateral acompanhado por forte repressão financeira limitando o fluxo internacional de capitais.

A própria postura dos EUA com seus aliados, como o Japão e a Alemanha, era de permitir que essas economias acessassem o grande mercado consumidor americano para ajudar em sua recuperação no pós-guerra (não por acaso, os EUA tiveram atitude similar com a China depois da abertura política promovida pelo presidente Richard Nixon). Voltaremos a este ponto mais tarde, porque se tornará importante nas décadas de 1970 e 1980, e novamente quando a China entrar para valer no cenário mundial. Mas, nas décadas após a conferência de Bretton Woods, e em grande parte até a década de 1970, um dos grandes beneficiários desse arranjo foi a própria classe trabalhadora americana. Como as outras nações se concentraram na reconstrução pós-guerra, os EUA seriam a "fábrica do mundo".

Ascensão e Queda da Classe Média Americana

Robert Gordon, em seu magistral livro sobre a economia americana de 1870 até os dias de hoje, conta a história de como uma classe trabalhadora ganhou, e perdeu, a condição de ser "classe média".

Gordon relata como era comum em 1880 um trabalhador na área siderúrgica ter que trabalhar 12 horas por dia, acumulando entre 72 a

---

[4] Para a fascinante história de como um simpatizante comunista dentro do governo americano derrotou o brilhante Keynes durante a conferência de Bretton Woods, veja Benn Steil, *The Battle of Bretton Woods: John Maynard Keynes, Harry Dexter White, and the Making of a New World Order*, CFR-PUP, 2013.

89 horas de trabalho por semana.⁵ A concorrência dentro do setor era "intensa, e enormes variações na demanda por aço tornavam imperativo que os gerentes das empresas cortassem custos sem trégua (...) e o maior custo para fazer aço (fora a matéria-prima) era o custo do trabalho, e as empresas faziam de tudo para diminuí-los e, quando possível, cortá-los".⁶

Examinando os dados da renda real dos trabalhadores, da produção e da produtividade, Gordon demonstra que o período mais intenso de crescimento relativo dos salários reais foi entre 1910 e 1940, com crescimento médio de 3,08%, um ponto percentual acima da média do período 1870-1910.

Apesar de esse período incluir os anos da Grande Depressão, Gordon nota que a razão da alta relativa dos salários teve a ver com o fim da grande onda migratória depois da Primeira Guerra Mundial, além da crescente sindicalização.⁷ As duas tendências criaram barreiras ao crescimento da oferta de trabalho. A renda relativa do membro da classe trabalhadora aumentou de forma consistente, e esse aumento de renda alimentou a transformação da classe trabalhadora em uma "classe média".

Entre 1940 e 1970, as condições da classe trabalhadora — composta por pessoas que não obtiveram ensino superior, tal como definidas por Gordon — continuaram a melhorar. Era uma época na qual, "se sobrepunham as ambições e sucessos da classe trabalhadora e as dos gerentes de colarinho branco (...) simbolizando a experiência igualitária de uma classe média estável e inclusiva".⁸

Mas a política de reconstrução das economias que mais sofreram com a guerra via acesso ao mercado de consumo dos Estados Unidos fez com que essa classe trabalhadora, que ao longo do tempo se tornou classe média, passasse enfrentar níveis crescentes de concorrência.

---

5 Robert Gordon, *The Rise and Fall of American Growth: The US Standard of Living Since the Civil War*, Princeton University Press, 2016, p.267.
6 Gordon (2016) p.268. Tradução do autor.
7 Gordon (2016) p.281.
8 Gordon (2016) p.503. Tradução do autor.

Para Gordon, a partir de 1960 começou o declínio do setor de manufaturados, "em grande parte por causa da globalização. Importações começaram a tomar o lugar de bens produzidos pelas fábricas urbanas, e as multinacionais americanas começaram a transferir parte, ou todas as suas operações de manufaturados, para outros países".[9]

Padrão USD

Talvez a decisão mais importante da conferência Bretton Woods tenha sido a montagem de um padrão monetário internacional com o dólar americano como sua âncora nominal: países teriam suas taxas de câmbio fixas contra o dólar, que, por sua vez, teria seu valor fixo em termos de determinada quantidade de ouro.[10] Esse sistema híbrido se impôs no pós-guerra, dado que os EUA já controlavam grande parte das reservas em ouro globalmente, eram donos do único parque industrial global relevante e eram credores de grande parte do mundo.

Mas a verdade é que tudo isso era circunstancial. Somente um inimaginável nível de repressão americana em nível global durante as décadas seguintes poderia ter tornado essas circunstâncias mais duradouras. Tal repressão era de todo incompatível com sua concorrência com a economicamente fraca, mas geopoliticamente competitiva, União Soviética nas quatro décadas seguintes.

Chegando aos anos 1960, o sistema começava a sofrer vários pontos de pressão. Os EUA não tinham mais a única economia relevante em termos globais depois da rápida industrialização da Europa e do Japão no pós-guerra. Também no início da década, os EUA embarcavam em duas iniciativas de expansão fiscal: a Guerra do Vietnã e os gastos iniciados pelo presidente Lyndon Johnson por causa de sua política social progressista, a *Great Society*.

---

9 Gordon (2016) p.369. Tradução do autor.

10 Para um relato da história das vicissitudes do padrão monetário internacional baseado no dólar americano, ver o capítulo 4 de Ronald L. McKinnon, *The Unloved Dollar Standard: From Bretton Woods to the Rise of China*, Oxford University Press, 2013.

Inicialmente, o sistema funcionou dentro da sua flexibilidade parcial, com a revalorização das moedas de parceiros comerciais como a Alemanha e o Japão, que gozavam de vantagem externa contra os EUA, mas, ainda assim, mantendo a paridade USD-ouro fixa. Isso era importante, já que os constantes déficits na conta-corrente americana implicavam acumulação de ativos denominados em USD por seus parceiros comerciais, e a paridade do USD contra o ouro trazia uma imaginada garantia de valor a esses passivos nas mãos desses bancos centrais.

Mas a falta de mudança no *mix* monetário-fiscal americano em direção a uma política mais austera impediu que esses ajustes funcionassem de forma duradoura. De fato, as seguintes desvalorizações do USD geraram mais inflação nos EUA, o que valorizava a taxa de câmbio real americana e assim piorava a posição externa americana.

Sofrendo perda de suas reservas em ouro e não podendo mais contar com a infinita benevolência do Bundesbank alemão ou do Banco do Japão na compra de USD para defender as paridades cambiais, o presidente Nixon decidiu abandonar o sistema Bretton Woods e adotar uma política de flutuação cambial em 1971.

A perda dessa imperfeita âncora cambial, junto com os choques do petróleo daquela década e a manutenção de políticas fiscais e monetárias frouxas, levou a uma alta global da inflação com períodos de recessão e baixo crescimento, o que gerou a necessidade de se cunhar o novo termo "estagflação" nos anos 1970, a nociva combinação de baixo crescimento e alta inflação.

Apesar do fim do sistema de paridades de Bretton Woods, o sistema financeiro global continuava a ter como moeda padrão o USD, dado seu uso quase que total nas transações comerciais e financeiras em nível global, e o grande acúmulo nas reservas internacionais em USD dos bancos centrais.

Podemos perceber isso no fato de a flutuação cambial, que teoricamente daria a um país a capacidade de seguir uma política monetária independente, não ter impedido que a taxa de inflação de países europeus e do Japão seguissem de perto a inflação americana nos anos 1970 e 1980. Para países menos desenvolvidos, inclusive o Brasil, as consequências da sobrevivência do USD como padrão monetário global pós-Bretton Woods ficaram claras, quando o salutar aperto monetário promovido pelo então chefe do Fed, Paul Volcker, em 1982, acabou de vez com a inflação nos EUA mas deu início à crise da dívida externa na América Latina. O dólar tinha fugido do ouro, porém o mundo não conseguiu fugir do dólar.

Uma importante mutação do padrão USD se deu pelo fim da repressão financeira que foi incluída no sistema desde Bretton Woods. O complexo sistema de controle de fluxo de capitais foi gradualmente afrouxado, a ponto de o sistema voltar ao padrão que tínhamos antes da Primeira Guerra, com forte intermediação financeira entre economias deficitárias e superavitárias no nível de suas contas-correntes e de capitais.

E Aí Vem a China

A China não era ainda parte relevante da economia global quando a decadência da classe média americana teve início. Mas sua ascensão acentuada foi o principal fator de aceleração em dinâmicas de competição global que já estavam em curso desde a década de 1970. Com seu tamanho gigante, e a forma peculiar adotada para seu modelo de crescimento, acabaram impactando o trabalhador americano de forma muito mais aguda do que o trabalhador japonês ou o alemão.

Assim, a classe trabalhadora dos países desenvolvidos, e o primeiro dentre eles, os EUA, corria o risco de perder os novos padrões de consumo que haviam sido conquistados pela primeira vez no período pós-guerra.

CAPÍTULO 3

Entra o Dragão

- Como a China comunista, em algumas décadas, transformou-se na segunda potência econômica do mundo?

- A estratégia inicial de reformas por parte de Deng Xiaoping foi a pragmática "Via Dupla", em que mecanismos de mercado foram criados em paralelo e para competir com mecanismos de comando central, progressivamente tomando seu lugar.

- Eventuais desequilíbrios macroeconômicos e demandas por democracia levaram a uma contrarreação conservadora com os eventos na Praça Tiananmen em 1989.

- Os esforços de reforma foram depois retomados, mas em bases diferentes, conhecidas como "Modelo Xangai", enfatizando exportações, repressão do consumo e concentração de poder econômico e político.

A ascensão chinesa como potência econômica global é o fato mais importante dos nossos tempos. Em termos históricos, o mundo nunca tinha visto uma nação ascender ao status de superpotência tão rapidamente.

A China é hoje a grande protagonista da economia global. Não digo isso desmerecendo o lugar dos Estados Unidos, que ainda mantêm liderança em termos de tamanho e dinamismo de sua economia, especialmente na ponta tecnológica, poderio militar e *soft power* — a habilidade de influenciar o mundo de forma espontânea e sem coação.

Dito isso, as curvas de crescimento são claras, e todas apontam para uma muito provável dominância chinesa em várias dessas dimensões ao longo dos próximos anos e décadas.

Como veremos, a estratégia de crescimento chinesa se deu, depois dos traumáticos eventos políticos de 1989, via *repressão do consumo*. Esse conceito oferece a chave para entender tanto o sucesso inicial do modelo chinês quanto os problemas e desafios sendo enfrentados hoje devido às limitações desse modelo. A forma pela qual a China abandona esse modelo de repressão do consumo também será um dos fatores determinantes para a economia global nos próximos anos.

A entrada da China na economia global foi, inicialmente, algo que aumentou o nível de oferta agregada global, com ingresso de trabalhadores chineses. Mas, em razão de sua estratégia de *repressão do consumo*, houve um descompasso entre essa oferta crescente e a demanda para consumi-la, que precisava vir de outro lugar.

Por um período, durante a chamada "Grande Moderação", na qual o mundo viu um robusto crescimento e baixa inflação devido ao choque de oferta positivo que representou a entrada da China na economia global, houve uma troca benéfica — mas bastante atípica — de déficits e superávits comerciais e financeiros entre a China (e países "coligados", eventualmente incluindo o Brasil), e países ricos, os EUA sendo o principal destes. Durante este período, vimos países "pobres" financiando o consumo de países "ricos". Tínhamos uma "Grande Moderação", mas, ao mesmo tempo, uma época de preocupantes "Desequilíbrios Globais".

Esse período coincidiu com um período de exuberância, expansão e inovação nos mercados financeiros globais. Isso tudo não foi um acaso, mas o necessário complemento da crescente intensidade de fluxos comerciais e financeiros girando entre países superavitários e deficitários. Só uma crescente "elasticidade" financeira, a farta expansão do crédito, permitiu a ligação indireta e intermediada entre o consumidor americano e o produto chinês.

Mas essa teia de relações detinha uma "contradição" cumulativa. A transferência de poupança dos países pobres para os ricos acontecia no nível de seus bancos centrais, por meio da acumulação de reservas como parte de suas políticas de manter taxas de câmbio competitivas. Mas a demanda final por essa poupança estava no consumidor americano, o que gerava ativos/passivos com risco de crédito. E bancos centrais normalmente não aceitam ficar com risco de crédito.

Portanto, o sistema de intermediação global e a escolha da China de "transferir" sua poupança via acumulação de reservas internacionais gerou um indesejado *risco de crédito residual*. E foi dentro do próprio sistema financeiro global, por meio da engenharia financeira da época, que esse risco se acumulou, com o sistema como um todo se tornando vulnerável e frágil até o ponto em que pequenos choques de política monetária e queda nos preços dos imóveis detonou a maior crise financeira da história.

A China, como a principal causa da GCF — e anos depois a Grande Recessão pela qual o Brasil passou —, é um elemento-chave na minha narrativa sobre a economia global que é, acredito, relativamente inovador para entender a história recente e suas consequências para o Brasil. Voltaremos a este ponto nos próximos capítulos.

Há outra razão para estudar o modelo econômico chinês: ele foi, e ainda é, quase oposto ao modelo adotado no Brasil nas várias fases e versões "desenvolvimentistas" que têm dominado nossa prática econômica nacional. Ironicamente, um país comunista teve a capacidade de adotar e executar uma estratégia de crescimento de alto sucesso que foi, em quase todos os seus pontos, diametralmente oposta ao advogado pelas várias variantes do pensamento "desenvolvimentista" que tem dominado o pensamento econômico brasileiro.

Veremos como a China adotou políticas econômicas voltadas à necessidade de gerar crescimento econômico acima de tudo, inclusive de considerações sociais, políticas ou ambientais. Em vários pontos, as políticas chinesas só poderiam ser executadas em um país autoritário.

Não cabe concluir que o modelo chinês é melhor; como veremos, ele veio com custos e riscos relevantes que ainda estão na agenda do país e que talvez não sejam superados. A China fez a escolha consciente de primeiro crescer, e ser um país mais rico, para depois solucionar os vários problemas gerados pelo crescimento. Sua opção por crescer através da *repressão do consumo* gerou vários desses problemas, mas a China decidiu que seria melhor resolvê-los de uma posição de riqueza nacional.

Mas parece que o Brasil, em comparação à China, muitas vezes escolhe ser a antítese de um país que deseja realmente crescer. Fazemos, por boas ou más razões, exatamente o oposto do que a China tem feito. No Brasil, sempre sacrificamos o crescimento em função de qualquer outro tipo de "bem" social, que muitas vezes é mera apropriação privada por grupos de interesse bem "conectados" ligados ao Estado.

O Brasil enfrenta muitos dos mesmos problemas que a China, de uma posição de falta de recursos, baixo crescimento econômico e grande fragilidade fiscal. Reprimir o consumo a favor da poupança e do investimento, como fez a China, é colocar mais valor no futuro do que no presente, enquanto o Brasil parece viver em um presente eterno.

O país, fruto de um processo de colonização europeia, naturalmente sente atração ou repúdio (muitas vezes os dois ao mesmo tempo) pela Europa e os Estados Unidos, países ocidentais. No caso da China, matriz cultural da Ásia, há não somente uma distância geográfica enorme, mas cultural, que dificulta a aquisição do conhecimento sobre o país. As grandes dificuldades de dominar a língua chinesa também não ajudam.

Assim, não seria possível colocar a discussão sobre a China e sua importância para o Brasil sem um mínimo de conhecimento de como uma economia até recentemente pobre, isolada, e vivendo sob um regime comunista, transformou-se, no período de uma geração, naquela que já seria, por algumas métricas, a maior economia do mundo.

Portanto, proponho um pequeno roteiro direcionado sobre a China, que é centrado no período das reformas econômicas.

Fases e Estratégias de Reforma

A história da ascensão global da China começa após o caos da "Revolução Cultural", que, entre 1966 e 1976, procurou purgar o capitalismo da sociedade e acabou paralisando o país economicamente. Com a morte de Mao Tsé-Tung em 1976, e finalmente vencendo os elementos mais radicais dentro do Partido Comunista da China (PCC), a ala reformadora tomou o poder no Terceiro Plenário no dia 22 de dezembro de 1978. Liderada por Deng Xiaoping, essa ala iniciou o processo de reformas.

À época, a China ainda vivia em um mundo dividido pelos extremos da Guerra Fria. Não havia ainda qualquer padrão de reformas para uma economia centralizada nos moldes stalinistas — a transição da União Soviética e seus satélites rumo ao capitalismo só aconteceria uma década mais tarde.

Houve uma verdadeira genialidade na forma como Deng conduziu a transição, vencendo obstáculos muito maiores do que os enfrentados por grande parte dos outros países emergentes. Seu grande pragmatismo pode ser visto em uma de suas declarações mais famosas:

"Tanto faz se o gato é branco ou pardo, desde que pegue o rato."

Sua ênfase nessa afirmação estava na necessidade de entregar resultados, independentemente de preconceitos ideológicos.

Como sintetizar o período de reformas chinesas? Eu argumentaria que é importante diferenciar três períodos — dois de reformas políticas e econômicas, interrompidos por um breve, de reação conservadora.

De sua primeira fase de reformas liberalizantes, que começou em 1978 e durou até 1989, à de transição do comunismo, a China mostrou seu sentido mais específico, inovador e "revolucionário" com a adoção do que mais tarde foi chamado de estratégia de "Via Dupla" para reformas econômicas experimentais.

> **FASES E ESTRATÉGIAS DE REFORMA, PRÉ-GCF**
>
> **1978-1989:** Reformas liberalizantes e o uso do Modelo de "Via Dupla";
>
> **1989-1992:** Contrarreação conservadora;
>
> **1992-2008:** O Modelo "Xangai" e a repressão de consumo.

Esse primeiro ciclo de reformas foi interrompido brevemente pelos eventos políticos de 1989. Nesse momento, tanto ou mais importante que qualquer fator econômico foi a questão política levantada pela queda dos regimes comunistas europeus – principalmente na União Soviética – e os eventos na Praça Tiananmen em 1989, quando multidões pressionavam por uma maior abertura política. A eventual reação repressiva às demonstrações abriu um período de reação conservadora nos campos políticos e econômicos que durou até 1992.

A próxima fase de reformas, entre 1992 e 2008, deu início a um período de elevados investimentos, com grande expansão do crédito e da concentração de renda. Agora conhecido como Modelo "Xangai", esse período de forte repressão ao consumo foi um avanço crucial na economia chinesa e na história da economia global. Como veremos em capítulos posteriores, a repressão ao consumo criou as condições que alimentaram não apenas o *boom* do crédito americano e o *boom* das commodities brasileiras durante os anos Lula, mas que também foi a principal causa da GCF.

A "Via Dupla"

Determinados a não adotar uma "terapia de choque" — o que acabou não funcionando no caso da União Soviética uma década depois —, Deng e a liderança chinesa adotaram o que depois foi chamado de estratégia de "Via Dupla" para as reformas econômicas.[1] Isso seria a criação, inicialmente de forma limitada e experimental, de uma estrutura econômica paralela e alternativa à estrutura centralizadora vigente. Essa estrutura concorrente seguiria padrões e mecanismos de mercado, e se ela demonstrasse ser mais eficiente, tomaria mais espaço econômico ao longo do tempo, substituindo estruturas baseadas no planejamento central.

Não está clara a origem dessa estratégia e sua lógica darwinista. A discussão teórica e ideológica da época ainda se dava dentro de parâmetros marxistas. O que fica claro é seu sucesso prático, apesar da falta de uma clara justificativa teórica dentro das restrições ideológicas.

As reformas começaram no âmbito rural, que representava o maior entrave ao crescimento econômico. O governo começou a permitir que as cooperativas agrícolas vendessem sua produção excedente no mercado livre. Tal medida, apesar de aparentemente sensata, gerava riscos: não extraindo esse excedente do campo, o governo a princípio teve que reduzir seus investimentos industriais e dobrar as importações agrícolas para garantir o pleno abastecimento. Mas, tendo em vista que ainda havia um mínimo de produção a ser entregue "dentro do plano", essas medidas evitaram um desabastecimento inicial que poderia ter causado instabilidade social, em especial nos centros urbanos. Com essas reformas, a produção agrícola subiu 30% entre 1978 e 1984.

---

[1] Uma das melhores referências para o processo inicial de reformas na China é o capítulo 4 de Barry Naughton, *The Chinese Economy: Transitions and Growth*, The MIT Press, 2007.

Outro exemplo importante de criação de mecanismos transitórios rumo a uma economia de mercado foram as "empresas de vilarejo". Tais empresas, que também surgiram com maior destaque na zona rural, impulsionaram a produção de bens de consumo, algo que não tinha prioridade na economia planificada. Apesar de ainda ser um instrumento de economia coletiva, esse setor também ficava "fora do plano". Portanto, essas empresas formaram o embrião do setor privado da economia chinesa que conhecemos hoje.

Também nessa época, surgiram as "zonas econômicas especiais", voltadas para fomentar as exportações. A China inovou por aumentar muito a escala dessas zonas, que acabaram ocupando quase toda a costa leste do país — não por acaso a parte mais rica da China atualmente. Aqui começou a inserção da China na economia mundial, com as zonas servindo de polos indutores de investimento direto e de transferência tecnológica, permitindo que a China explorasse sua grande vantagem comparativa da época: uma grande, disciplinada e competitiva mão de obra (vale a pena aqui comparar com o Brasil, onde a nossa "Zona Franca" é usada para importar, e não exportar).

A criação de diversas zonas também permitiu concorrência entre municipalidades e províncias chinesas para atrair investimentos estrangeiros, criando assim incentivos para regimes tributários e níveis salariais distintos entre diferentes províncias, a fim de maximizar as vantagens de cada local. Esses mecanismos, que podemos chamar de "federalismo competitivo", asseguraram a crescente produtividade sem interferência do governo central e a imposição de diretrizes nacionais, como um salário-mínimo e regras trabalhistas uniformes em todo o país. Essa liberdade de concorrência e adaptação regional foi um dos grandes motores do crescimento chinês (vale a pena aqui comparar com a nossa prática de codificar várias políticas em nível nacional, inclusive na Constituição, sem levar em conta as diferenças regionais, o que penaliza exatamente as regiões mais pobres do Brasil).

Contrarreação

O sucesso dessas políticas logo criou novos desafios. A crescente concorrência das novas instituições experimentais acabou causando uma crise no setor estatal, cada vez mais atrasado e deficitário. A falta de estrutura adequada de controle macroeconômico, em uma época na qual o Banco Central do Povo Chinês era mais um banco comercial do que um banco central, levou a um surto de inflação que contribuiu para a eclosão de protestos que levaram aos trágicos eventos na Praça Tiananmen.

Os eventos em Tiananmen e o colapso do comunismo na Europa levaram a uma grande reflexão coletiva do PCC, o que conduziu a uma inflexão da estratégia econômica.[2] Há uma movimentação de centralizar o poder econômico, como a privatização das "empresas de vilarejo" nas mãos dos seus gerentes, normalmente com bons contatos políticos e militância no PCC. Neste período, houve uma reforma fiscal para fortalecer a posição de Beijing, centralizando no nível federal uma fatia maior da tributação que tinha caído para somente 11% do PIB em 1995. Após a ênfase dos anos 1980 nas áreas rurais, há um nítido viés urbano nos anos 1990, coincidindo com a ascensão de facções políticas ligadas a grandes centros urbanos, como o grupo de Xangai conectado ao presidente Jiang Zemin. Houve também reformas macroeconômicas, como o fortalecimento do Banco Central do Povo Chinês. Para entrar na OMC, houve unificação do mercado cambial, desvalorização do Yuan e abertura da conta-corrente.

Depois de a repressão política ter levado à interrupção do processo de reformas, a resposta de Deng foi, por fim, contra-atacar a reação conservadora, com o seu *Southern Tour*, em fevereiro de 1992, das áreas mais avançadas e voltadas ao mercado, reiniciando o processo de reformas

---

2 A melhor referência sobre como a queda do comunismo em escala global, e os problemas domésticos, foram enfrentados de forma sistemática pelo PCC é o livro *China's Communist Party: Atrophy and Adaptation*, de David Shambaugh. Ele mostra como a crise existencial do regime naquele momento gerou forte reflexão durante anos, levando a uma nova estratégia econômica e política para garantir a sobrevivência do regime de maneira adaptativa sem perder seu caráter leninista.

econômicas.[3] Durante suas viagens, Deng fez vários discursos e gerou grande apoio local para sua plataforma reformista — olhando para trás, agora sabemos que isso foi uma estratégia política eficaz de reafirmar a necessidade das reformas.

Nesse momento começaram a ser feitas profundas mudanças nas estratégias de reformas e de crescimento econômico.

Modelo "Xangai"

A mudança de estratégia que aconteceu durante a contrarreação conservadora teve consequências econômicas duradouras que ainda são parte importante do debate sobre o futuro da economia chinesa. O reinício das reformas econômicas não veio com a volta das reformas liberalizantes dos anos 1980. E a centralização do poder econômico dá início a um período de elevados investimentos com uma queda relativa do consumo, grande expansão do crédito, do endividamento e da concentração de renda. Nasce, na feliz frase de Yasheng Huang, um "capitalismo com características chinesas", que ele também denomina de *Shanghai growth model*.[4]

Paradoxalmente, a transição que se inicia depois do *Southern Tour* também abre um período de desaceleração do ímpeto reformista, causando a princípio um crescimento econômico menor. Lidando com os problemas do setor estatal, novas iniciativas são adiadas. Como em qualquer período de ajuste, há um custo para o crescimento econômico e para as preocupações com a questão social. O aumento do desemprego rompe a corrente migratória rural, que diminui entre 1996 e 2002. Somente com a entrada da China na Organização Mundial do Comércio (OMC) em 2001 que o país reencontrou o dinamismo econômico.

Apesar de a China ainda não ter à época a importância sistêmica que ela hoje tem mundialmente, deveríamos notar que este período de

---

3 Ver Arthur R. Kroeber, *China's Economy: What Everyone Needs to Know*, Oxford University Press, 2016, p.7-8.

4 Yasheng Huang, *Capitalism with Chinese Characteristics: Entrepreneurship and the State*, Cambridge University Press, 2008.

baixo crescimento chinês coincide com o período de crises econômicas e financeiras que impactaram as economias emergentes — começando com a crise asiática de 1997 — e que foram o pano de fundo para boa parte das crises econômicas enfrentadas pelo Brasil nesse período.

O modelo de desenvolvimento e reformas adotado nos anos 1980 carregava em si uma demanda por maior liberdade política que foi inaceitável para o PCC. As reformas dos anos 1990 não só representaram a ascensão final das instituições que surgiram no esboço da "Via Dupla", mas também evoluiu para uma alternativa à liberalização política, com a criação de um setor corporativo privado e estatal ligado diretamente ao aparelho do PCC.

Essa foi a resposta dada para frear uma dinâmica política liberalizante e garantir a continuidade do acelerado crescimento econômico. Mas isso gerou um modelo de acumulação de capital via *repressão do consumo* com grandes consequências domésticas e globais, sendo a gênese dos desequilíbrios de poupança, investimentos e endividamentos, para os quais ainda se tenta encontrar uma solução duradoura ainda hoje.[5]

Essas mudanças dos anos 1990 abriram um novo capítulo na história das reformas econômicas chinesas, com uma nova orientação mais madura e menos experimental. A solução dada a crises econômicas e políticas do final dos anos 1980 garantiu a preeminência do PCC e preparou a economia chinesa para sua inserção global a partir de 2002.

O fim do sistema coletivo de seguro social deixou 80% da população rural sem cobertura, estimulando a poupança preventiva e a procura por emprego nas zonas urbanas. Sem proteção, o chinês tinha que poupar para se aposentar, educar seus filhos, comprar sua moradia e para qualquer eventual problema de saúde.

Noto aqui, nessa questão, mais um elemento crucial do modelo chinês e que também é diametralmente oposto ao modelo brasileiro após a democratização. No Brasil, a escolha tem continuamente sido a de expandir

---

5 Uma boa referência aos problemas e riscos do modelo de crescimento adotado pela China, que inclusive faz uma comparação com o Brasil dos anos do "milagre econômico", é Michael Pettis, *Avoiding the Fall: China's Economic Restructuring*, Carnegie Endowment for International Peace, 2013, p.39.

transferências sociais e a criação de novos "direitos", muitos deles ligados a grupos de alta renda, como o funcionalismo federal, ou à classe média alta, que desfruta de universidades federais e estaduais gratuitas. Suas consequências macroeconômicas são claras: menores níveis de poupança e investimentos e uma alta e complexa carga tributária. Nenhum desses fatores ajuda qualquer país a crescer de forma acelerada.

Voltando à China, uma faceta importante do novo modelo é sua orientação urbana, que gerou forte fluxo migratório das áreas rurais, levando a uma queda do custo de trabalho que foi a base da grande competitividade externa que se expressou no setor de manufaturados, o que conduziu a China a, por fim, ser a "fábrica do mundo".

Uma Globalização Chinesa

É importante identificar o papel central da China, e do seu modelo de crescimento e acumulação via repressão do consumo, na criação dos fatores que aceleraram a globalização e ajudaram a acabar com os "anos dourados" para a classe média americana, assim como no ciclo financeiro que resultou na GCF. Qual foi a natureza dessa "globalização chinesa"? Ofereço uma definição:

> A globalização é um processo no qual novas tecnologias permitem uma dispersão do processo de produção, criando complexas cadeias de oferta que permitem às empresas explorarem as menores vantagens competitivas entre países. Diferentemente da última onda de globalização, normalmente datada entre 1870-1914, quando as tecnologias da época derrubaram barreiras para o comércio exterior, a globalização atual se destaca por tecnologias que derrubam as dificuldades na transmissão da informação. Elas coordenam processos de produção e distribuição fracionados no tempo e no espaço, gerando o que alguns chamam de "a morte da distância".[6]

---

6 Richard E. Baldwin, Philippe Martin, "Two Waves of Globalization: Superficial Similarities, Fundamental Differences", NBER WP 6904, January 2009. Tradução do autor.

O importante dessa definição é "permitir que empresas explorem as menores vantagens competitivas entre países". A mais recente globalização permitiu quebrar o padrão de produção, e da "divisão de trabalho" que, em nível global, foi a consequência natural da vitória dos aliados na Segunda Guerra Mundial e deixou a economia americana como potência única.

A quebra desse sistema teve profundas consequências sociais, econômicas, financeiras e políticas que foram sentidas em todo o mundo, inclusive no Brasil.

CAPÍTULO 4

O "Boom" Brasileiro em Dois Tempos

- Os excelentes anos de crescimento durante o período de Lula na presidência tiveram várias razões, mas passaram por dois momentos distintos.

- Em um primeiro momento, a própria crise política causada pela eleição gerou um forte ajuste nas contas externas, diminuindo uma vulnerabilidade crônica da economia brasileira.

- A continuidade do bom desempenho nos anos seguintes, apesar da gradual apreciação cambial, deveu-se ao efeito positivo da entrada da China na economia global.

- A opção ortodoxa na economia também levou a uma queda da incerteza macroeconômica, elevando os preços dos ativos. Isso gerou um "efeito riqueza" que se espalhou por toda a economia.

Em 2002, nada indicava que o Brasil estava prestes a entrar na sua melhor fase econômica desde o "milagre econômico" dos anos 1970. Naquele momento, parecia que a melhor aposta seria a continuidade dos resultados relativamente medíocres dos anos 1990, apesar do sucesso do Plano Real.

Para desvendar as causas do surpreendente crescimento econômico que o Brasil teve durante os anos de Lula na presidência, vale a pena sequenciá-los em fases e causas distintas.

A primeira fase foi, ironicamente, fruto da própria crise de confiança e ataque à moeda brasileira devido ao pânico do mercado com a eleição em 2002. A virada ortodoxa petista ocorreu com a moeda brasileira em um patamar extremamente competitivo em função da crise política, o que gerou um forte ajuste nas contas externas. A diminuição da vulnerabilidade externa deu uma contribuição vital para a queda do risco econômico e financeiro como um todo, sendo uma das grandes causas do *boom* econômico da época.

Um forte ajuste externo por causa de um choque exógeno que desvaloriza a moeda não é por si só uma condição para ganho de competitividade externa e uma queda estrutural e duradoura de riscos financeiros. Afinal, o próprio ajuste das contas externas, em um regime de câmbio flutuante, pode levar a uma posterior apreciação da moeda, retirando o "estímulo" inicial que causou o ajuste.

Mas, desta vez, houve uma feliz e providencial coincidência: a crise de confiança que colocou a taxa de câmbio em um nível extremamente competitivo aconteceu pouco antes do início do maior ciclo de expansão da demanda por commodities em quarenta anos, causado em grande parte pela entrada da China na Organização Mundial do Comércio no final de 2001. O ímpeto original dado pela taxa de câmbio foi multiplicado pela China, permitindo que o equilíbrio nas contas externas fosse mantido enquanto a economia crescia de forma mais vigorosa com a taxa de câmbio se valorizando. Somente no período de 2013-2014, com o colapso do crescimento daqueles anos, as contas externas voltaram a apresentar deterioração preocupante, retornando aos níveis que tínhamos no final dos anos 1990.

Essa fase inicial, com seus dois choques exógenos (China e crise eleitoral), foi uma "arrumação da casa". O *boom* mesmo começou depois, uma próxima fase na qual tudo parecia estar dando certo, e que levou o presidente Lula a ostentar índices de popularidade raramente vistos em qualquer democracia.

Incerteza e Crescimento

O crucial da segunda fase foi a queda da incerteza no seu sentido mais extenso: queda de riscos econômico, financeiro e político. Como já comentamos, houve importante queda no risco externo. Houve também, com a inesperada guinada "ortodoxa" petista, a percepção de uma queda de risco político em relação à política econômica. A aceitação por parte do governo petista dos elementos cruciais da gestão macroeconômica instituída pelos governos tucanos — o chamado "tripé" formado por estabilidade fiscal, metas de inflação e câmbio flutuante — fortaleceu a opinião, que acabou se demonstrando equivocada, de que havia um consenso político apartidário sobre a gestão macroeconômica, uma institucionalização e despolitização das questões que dizem respeito à estabilidade macroeconômica.

Assim, o risco de um governo de esquerda "mudar tudo" — o grande temor antes da eleição — parecia ter desaparecido. Fora dos extremos políticos — que, por serem extremos, têm pouca viabilidade eleitoral — parecia que, da esquerda à direita, poderiam ser discutidas várias questões, mas não a estabilidade macroeconômica, vista como um "bem comum".

Essa ainda é uma questão: depois de ter passado pela pior recessão da nossa história econômica moderna, após o fracasso da Nova Matriz Econômica (NME) — que será explorada mais tarde —, que questionou e relativizou cada ponto do "tripé", há ou não um consenso em torno da necessidade de se manter a estabilidade macroeconômica?

A combinação desses efeitos — ambiente externo favorável, câmbio competitivo e surpreendente gestão ortodoxa — gerou, nos anos 2000, o que podemos chamar de *efeito riqueza*. O país ficou, literalmente, mais rico. Isso aconteceu por alguns canais distintos que se autoalimentaram.

Quero defender a questão dos *efeitos de riqueza* não somente como a chave para entender os sucessos e fracassos do petismo na economia, mas como um princípio econômico central. Em economias modernas, com sistemas financeiros complexos, a ligação entre presente e futuro passa essencialmente pelos mercados financeiros, e como estes *precificam o futuro,* terão efeito decisivo no presente, inclusive na determinação do nível da demanda agregada.[1]

O primeiro vem da alta de renda gerada pelo fator China. Simplificando um pouco, podemos descrever isso da seguinte maneira. A produção de commodities, o forte da nossa pauta de exportação, tem um custo pouco variável. Então, quando há um forte aumento de preço, isso passa quase que integralmente para o lucro bruto, que depois é repartido, em especial com o governo via tributação e, em menor escala, com os trabalhadores do setor. Durante esses anos, recebemos muito mais para produzir essencialmente as mesmas coisas que já estávamos produzindo.[2]

O segundo canal vem diretamente da queda de risco, e como isso influenciou os preços dos ativos, especificamente ativos de longo prazo, cujo rendimento se estende pelo tempo, como um imóvel ou uma ação.

Para esse tipo de ativo, cada pagamento futuro sofre um desconto para gerar um preço hoje, para calcular seu "valor presente". O processo é bastante intuitivo: R$1.000 daqui a um ano não será a mesma coisa que R$1.000 hoje.

---

1 A macroeconomia, com suas raízes nos textos de Keynes, tem como ponto principal a determinação dos níveis de fluxos que compõem a demanda agregada (investimentos, consumo etc.). O que advogo é que a crescente importância das finanças em um mundo complexo e interligado torna a questão da precificação de estoques financeiros um fator mais determinante, inclusive na determinação dos fluxos da demanda agregada.

2 De fato, é interessante notar que a quantidade de exportações brasileiras, seu "quantum", ficou relativamente estável durante este período: não há tendência de alta nas quantidades exportadas depois de 2004 até o início da Grande Recessão.

Isso seria um uso das taxas de juros. Mas o que determina a taxa de juros? Mais uma vez, simplificando bastante, podemos dizer que a taxa de juros em uma economia de mercado é uma taxa "composta", incluindo compensação por uma série de riscos.

O mais importante deles é o risco inflacionário, e é por causa disso que o Banco Central deveria fixar a taxa Selic — a taxa de juros de um dia — para controlar a inflação.

Mas podemos perceber que a taxa de juros vigente para prazos mais longos são diferentes da taxa Selic. Isso porque, em parte, o mercado precifica essas taxas em função do que se espera que o Banco Central faça com a taxa Selic ao longo do tempo.

Mas, além da precificação da política monetária futura, investidores que determinam as taxas de juros longas podem pedir compensação por qualquer outro tipo de risco — inclusive riscos políticos — que possa impactar o poder de compra dos juros que serão recebidos no futuro.

Tudo isso é bem conhecido. O que é menos reconhecido é o fato de que essas mesmas taxas de juros servem como taxas de desconto de fluxo esperado para todos os tipos de ativo de longo prazo (além de prêmios específicos a cada classe de ativo, como um prêmio para risco de crédito no caso de uma debênture). Assim, um aumento no "spread" de juros, ou "prêmio de risco", eleva a taxa de desconto, o que diminui o valor desses ativos.

Portanto, qualquer coisa que leva à *queda* dessas taxas de juros/taxas de desconto *aumenta* o valor desses ativos, o que *eleva* a riqueza dos donos desse tipo de ativo. Oscilações nesses prêmios são os principais fatores na volatilidade dos preços dos ativos, tanto nos mercados financeiros como na economia real.

Uma maneira de definir o *boom* lulista é como um processo consistente e gradual no qual o impulso original dado pela China e a desvalorização cambial, fruto da crise política, foram propagados e amplificados por um conjunto de decisões que causaram a expansão, ao longo do tempo, do aumento de riqueza inicial. Essas decisões levaram à queda da incerteza, impactando positivamente os prêmios de risco e elevando os preços dos ativos.

A marca mais evidente desse processo para a população foi a grande expansão do mercado de crédito nesses anos. Crédito, em geral, por ter forte componente intertemporal, depende de um marco legal confiável (e aqui houve reformas importantes no primeiro mandato de Lula), assim como as expectativas sobre o futuro — fator impactado negativamente quando há o aumento da incerteza.

O crédito imobiliário, por exemplo, antes escasso, virou um produto normal e disputado pelos bancos, levando a um *boom* imobiliário nacional que, como no caso das commodities, gerou riqueza onde não existia antes, sem nenhum esforço adicional por parte dos donos desses ativos. O *boom* elevou os preços do estoque existente, tornando seus donos mais ricos, e incentivou a construção de novas moradias, movimentando a economia em um setor extremamente intenso no uso da mão de obra.

Todos esses canais — aumentos de renda, de preços de ativos e do crédito — dependem da queda de risco. De fato, a questão do risco é tão importante que poderíamos ousar enunciar o seguinte postulado: *o que determina o valor de uma ação de política econômica é, principalmente, seu impacto sobre o risco econômico e financeiro e como esse canal impacta o nível de riqueza da sociedade*. Nesse princípio está tanto o segredo do *boom* lulista como a subsequente decepção da era dilmista.

Ajuste Externo

O forte ajuste nas nossas contas externas, que começou em 2002, foi a base sobre a qual o *boom* lulista se ergueu. E não foi por acaso. O economista Mário Henrique Simonsen, ex-presidente do Banco Central e ex-ministro da Fazenda e Planejamento, disse corretamente: "inflação aleija, mas câmbio mata."

A razão disso, e esta talvez seja uma das principais caraterísticas da economia brasileira, que sempre deve ser lembrada em qualquer discussão, se dá pela relação entre nível de poupança, demanda doméstica e fluxo de capitais.

O Brasil poupa pouco. De 2010 a 2017, nossa taxa de poupança bruta foi, em média, apenas 16% do PIB — contra níveis de 40% ou mais na China. Esses fracos níveis de poupança fazem com que, em momentos de crescimento mais robusto, o país importe poupança para suprir essa deficiência, aumentando o déficit em conta-corrente. Isso gera uma vulnerabilidade externa a qualquer choque global que mude a oferta de capital disponível para economias emergentes. O que é a principal razão pela qual, apesar de o Brasil ser uma economia relativamente fechada, as oscilações nas condições externas tenham forte impacto nas condições econômicas internas.

Durante boa parte do período no qual o Real tinha seu valor controlado pelo Banco Central com a "mini-banda" cambial imposta em 1995, o déficit em conta-corrente foi um problema contínuo, forçando o Banco Central a perseguir uma desastrosa política de juros altos e voláteis para "segurar" o câmbio. Essa política mostrou sua exaustão em 1998, quando a conta-corrente chegou com déficit de quase 5% do PIB, apesar do crescimento perto de zero, uma clara indicação de um nível cambial insustentável (algo similar aconteceu em 2014, mas com câmbio nominalmente flutuante).

Após a desvalorização em 1999, o câmbio continuou se ajustando. Entre o final de 1998 e outubro de 2002, quando atingiu seu menor nível, a taxa de câmbio efetiva real, que leva em conta as diversas taxas de câmbio com nossos parceiros comercias e seus níveis de inflação, caiu 78% no total.

Como já vimos, o impacto da desvalorização cambial, junto com a opção inicial do novo governo pela estabilidade, foi estupendo. Além da aceleração do crescimento, e apesar da relativa estabilidade dos termos de troca (a razão entre os preços em dólares das exportações versus importações), houve grande melhora em nossas contas externas. Em junho de 2003, o Brasil começou a ter superávit em suas contas-correntes, o que durou até o início de 2008.

Quais são algumas das lições desse excepcional período vivido pela economia brasileira e os debates sobre a importância da taxa de câmbio?

Há uma linha de pensamento econômico que dá grande ênfase ao nível da taxa de câmbio. Ela acaba argumentando que a mais importante determinante da saúde econômica talvez seja colocar o câmbio em seu nível "competitivo", especialmente em relação à indústria nacional. O setor industrial é visto como um espaço econômico privilegiado, dada sua suposta absorção de novas tecnologias, o que daria à indústria a capacidade de crescer via aumentos de produtividade.

Há certas verdades nessas afirmações, mas elas são mais históricas e nostálgicas. A esperança de que o Brasil pode vir a ter uma indústria relevante e internacionalmente competitiva se depara com a realidade de uma economia que já tem cerca de 60% da sua produção ligada ao setor de serviços; que não faz parte de nenhuma *supply chain* global relevante; e que não tem a capacidade de investimento em tecnologia e capital humano ostentada pelas potências industriais de hoje, como China, Alemanha, Japão e Estados Unidos.

Na verdade, ter tido um lugar nessa mesa das economias industrializadas talvez tenha sido uma possibilidade histórica que foi perdida por causa da incapacidade de poupar para investir — especialmente no capital humano — e da escolha equivocada de fechar a economia ao comércio global. Talvez o fechamento das fronteiras para permitir o crescimento da indústria nacional tenha sido uma boa estratégia inicial, se fosse seguida rapidamente pela abertura da economia para enfrentar a concorrência externa, forçando elementos da indústria local a "sobreviver ou morrer". Mas, infelizmente, apesar da abertura comercial que se iniciou durante o governo do presidente Fernando Collor entre 1990 e 1992, ainda seguimos muito fechados. Parece claro que a relativa decadência da nossa indústria não tenha se devido a níveis apreciados do câmbio,[3] mas à falta

---

3   Não que, obviamente, não tenhamos passado por períodos nos quais a taxa de câmbio ficou artificialmente apreciada por diversas razões, muitas vezes ligadas ao controle da inflação, como aconteceu depois da fixação cambial de 1995.

do segundo passo necessário para maturar uma indústria competitiva, o de abandonar a proteção.

Há outra questão muito relativizada pela heterodoxia: não há como sustentar uma taxa cambial "competitiva" ao longo do tempo sem ajustar outras variáveis da política econômica.

Em tempos normais, a taxa de câmbio é determinada pelo "equilíbrio geral" — em conjunto com outras variáveis —, representando como os agentes econômicos reagem às condições que enfrentam. Essas vão desde condições "estruturais" que mudam muito pouco (como as instituições políticas e legais, regimes tributários etc.) até "choques exógenos" — literalmente surpresas econômicas — que mudam rapidamente ao longo do tempo. A taxa de câmbio, então, seria uma variável "endógena", determinada pelo processo de mercado no qual os agentes estão tomando as melhores decisões possíveis de acordo com as informações disponíveis.

No entanto, há momentos excepcionais, como a crise de 2002, na qual um choque exógeno — naquele caso o medo do mercado com a eleição de Lula — inverte a normalidade casual de tal forma que a taxa de câmbio se torna uma variável exógena, e não endógena. Isto é, ela chegou a níveis tão extremos que determinou o valor de equilíbrio das outras variáveis (aqui também, como veremos adiante, há paralelos com a situação enfrentada em 2015).

Também é possível questionar se uma oportunidade foi perdida. Poderíamos imaginar um conjunto de políticas destinadas a manter a taxa de câmbio relativamente depreciada depois do choque de 2002. Especificamente, e algo que muitas vezes não é admitido pelos economistas que colocam muita importância no nível da taxa de câmbio, uma estratégia desse tipo envolveria um *mix* de política fiscal apertada, reprimindo o consumo a favor da demanda externa — não por acaso, elementos adotados por economias asiáticas.

De qualquer forma, não foi isso que aconteceu, e assim houve uma contínua apreciação cambial ao longo dos próximos anos até a crise global de 2008, compensadas por um período de alta nos termos de troca que, como já deveria ser esperado, acabou se revertendo nos anos seguintes. Isso permitiu, por um curto período, o "nirvana" de uma conta-corrente superavitária e o aumento de consumo, resultado insustentável ao longo do tempo, mas bastante popular com o eleitor/consumidor e os mercados financeiros.

E Aí vem a China, e Mais Riqueza

O forte crescimento evidenciado a partir de 2004 foi devido a um conjunto de fatores que, em sequência, elevaram o nível de atividade de um patamar relativamente deprimido, dado que entre 2001 e 2003 a economia cresceu somente 1,7% ao ano.

Ter um "arranque" inicial — fechar o hiato[4] — é uma coisa, crescer de forma sustentável é outra. Como isso ocorreu entre 2004 e a crise global de 2008?

Para explicar o "milagre" desses anos devemos observar dois fatores. O primeiro foi o impulso da demanda externa devido à crescente importância da China na economia global, que, junto com a grande depreciação exógena do câmbio em função da crise eleitoral de 2002, permitiu um período de crescimento acelerado sem gerar fragilidade nas contas externas. Como já comentamos, um aumento do termo de trocas funciona como um aumento salarial coletivo: ganhamos mais produzindo a mesma coisa, fazendo o mesmo esforço.

De fato, a economia brasileira teve muita sorte. O nosso normal é ver surtos de crescimento sendo rapidamente esgotados por combinações nocivas de desequilíbrios externos e inflação, o conhecido "voo da galinha".

Como já vimos, a predisposição a surtos de crescimento tem a ver com algumas condições estruturais da nossa economia. A principal delas é a baixa taxa de poupança. Em função disso, períodos de elevado crescimento levam à necessidade de importar capitais para sustentar a absorção

---

4 Isto é, a diferença entre o que a economia está produzindo e aquilo que ela poderia produzir operando com pleno uso da sua capacidade.

interna elevada, aumentando os déficits em conta-corrente. Mas então, e normalmente muito mais rápido do que o mercado ou o governo esperam, acontece alguma coisa para mudar o apetite de risco do investidor externo (fenômeno conhecido como "paradas súbitas"), forçando um rápido ajuste nas contas externas que derrubam o crescimento.

Estávamos indo para esse conhecido caminho. A taxa de câmbio começou a apreciar: depois de ter atingido seu ponto mais depreciado em outubro de 2002, a taxa real de câmbio já tinha apreciado 45% em 2006, em um movimento quase contínuo. Lentamente, o fator cambial diminuía como elemento de competitividade externa. Agora, o crescimento era liderado pelo consumo e o investimento, e não mais pela demanda externa. Como seria de se esperar, iniciou-se uma discreta piora nas contas externas, como a queda do superávit da conta-corrente. Tudo parecia indicar mais um voo da galinha, com o crescimento sendo abortado pela restrição externa.

Mas, justamente quando o superávit em conta-corrente começou a cair, os termos de troca começaram a subir — entre outubro de 2002 e o início de 2008 ocorreu uma variação positiva de 14,5%.

O início dessa tendência de alta dos termos de troca foi providencial, por várias razões. À medida que começamos a receber mais por aquilo que estávamos exportando, podíamos importar mais sem passar por uma piora da nossa posição externa. Isto é, se recebemos mais por cada unidade exportada, podemos importar mais para manter a economia crescendo, a despeito da falta de poupança doméstica.

Não que a alta dos termos de troca tenha sido suficiente para impedir a volta ao normal, de ter déficits em conta-corrente, mas ajudou a postergar o retorno à condição de um país deficitário e a diminuir a intensidade dos nossos déficits.

A razão da nossa sorte se deu por um único fator — a crescente importância global da economia chinesa e como isso começou a influenciar positivamente economias complementares ao gigante asiático, como o Brasil com suas vastas riquezas naturais.

Assim, investidores começaram a ver o Brasil não tanto como uma proposta de investimento independente, mas sim como estruturalmente ligado ao sucesso crescente da economia chinesa. Alguns até argumentaram que o Brasil seria um "derivativo" da China — cujo valor seria determinado sobretudo pelo valor do fator mais fundamental. Essa ligação foi a principal razão pela qual o Brasil entrou na elite dos BRICS, os países que, segundo o banco de investimento Goldman Sachs, estariam na dianteira dos países emergentes e da economia global.

Desde então, oscilações na economia e mercados chineses impactariam o Brasil com grande força, algo que foi crucial em 2015.

O impacto da ascensão chinesa sobre o Brasil foi um dos grandes fatores do efeito riqueza da época, e vale aqui distinguir conceitualmente esse efeito entre um valor de renda e um efeito valor presente.

O efeito renda seria o que já discutimos — uma alta nos termos de troca implica ganhar mais pela mesma coisa exportada. Após a desvalorização associada à crise política, as exportações líquidas subiram pelo efeito cambial, com os termos de troca relativamente estáveis. A partir de 2005, com mais importações sendo feitas, as exportações líquidas caíram, mas a sorte sorriu para o Brasil e os termos de troca subiram, amenizando a piora da conta-corrente. Assim, em termos de valores em dólares, não em quantidade, exportamos mais, o que permitiu importar mais.

Essa alta no valor das exportações seria o efeito renda, fácil de entender, já que se assemelha a um aumento salarial — ganha-se mais fazendo a mesma coisa.

O efeito valor presente passa pelos efeitos de vários fatores sobre a taxa de desconto, como vimos acima. Mas vale explorar essa noção com mais detalhes.

Talvez a noção mais básica da economia como teoria seria a de que o preço de um bem seria determinado no ponto em que sua demanda é igual à sua oferta. Do lado da demanda, teríamos a utilidade do bem, enquanto do lado da oferta teríamos o custo de produção. Até aí, o raciocínio é relativamente simples.

O que muda quando falamos de um ativo financeiro? Diferentemente de um bem para consumo imediato, um ativo financeiro proporcionará uma utilidade, uma receita financeira, ao longo do tempo. Portanto, o preço do ativo hoje depende do preço do ativo amanhã, e assim por diante, o que complica bastante as coisas.

Vamos pegar um caso concreto bastante difícil, o da taxa de câmbio. A taxa seria um preço relativo entre a moeda de um país em comparação com a de outro. Assim, podemos ver a taxa de câmbio hoje como sendo igual à razão de demanda e ofertas entre essas moedas por todo o futuro, com essas demandas relativas sendo descontadas por alguma taxa.

Então, ao pensar qual é o efeito de um choque positivo, como foi para o Brasil a entrada da China na economia global, pode-se identificar o efeito imediato, o efeito renda. Agora, se o mercado achar que esse efeito deve durar um bom tempo, o que é refletido nos preços não é somente o efeito imediato de renda, mas todos os efeitos esperados ao longo do tempo. O futuro esperado acaba sendo precificado hoje.

Veja um exemplo concreto. As exportações de minério de ferro subiram de US$3 bilhões em 2002 para US$10,5 bilhões em 2007, uma alta de 244%. Mas o preço da ação da Vale, nossa maior exportadora, subiu mais de 1.000% durante este mesmo período. Essa diferença, grosso modo, representa a precificação da receita futura, levada a valor presente, proveniente do resultado líquido da produção da empresa. Simplificando bastante, seria como se o mercado atribuísse um preço mais de dez vezes maior em 2007 ao ferro enterrado na terra esperando extração, o mesmo ferro que estava enterrado no mesmo local em 2002.

E essa "nova" riqueza se espalha por toda a sociedade. Obviamente, quem tem mais a ganhar seriam os donos desses recursos naturais. Mas o governo é um sócio importante desse ganho, especialmente em um país com uma das cargas tributárias mais altas do mundo. A grande expansão do gasto social dessa época, importante conquista política do governo petista, foi essencialmente devido a essa criação de riqueza.

Podemos multiplicar o exemplo da Vale para o resto da bolsa. Apesar de a bolsa brasileira não ser um retrato representativo da economia do país, ela certamente tem uma relação positiva com o nível de riqueza material. No início de 2002, a capitalização da Bovespa em dólares era de US$189 bilhões. No seu subsequente pico em 2008, antes da crise global, ela chegou a valer US$1,6 trilhão, um aumento de 700%.

Há outra maneira de ver a questão do risco e como isso impacta a riqueza de uma sociedade. A noção de "risco macroeconômico" é essencial não só para fazer qualquer investimento, mas para qualquer decisão de política econômica. Sua importância se deve ao fato de que boa parte do risco macroeconômico não pode ser diversificado[5] — ele não pode ser "anulado" comprando outro ativo que tenha uma correlação menor com esse tipo de risco. Por definição, o risco macroeconômico afeta todos os ativos — você pode trocar um ativo de maior risco por um de menor, ir da renda variável para a renda fixa, mas ainda assim pode acabar perdendo dinheiro se o risco sistêmico da macroeconomia aumentar.

Desta forma, a questão do risco macroeconômico deveria ser um componente principal de qualquer discussão de política econômica. Por exemplo, vale a pena adotar uma política monetária expansionista para ajudar o crescimento econômico? Não se isso aumentar tanto o risco de inflação futura que o efeito sobre a percepção de risco anule os efeitos positivos da expansão monetária. Vale a pena aumentar o gasto público? Não se isso afetar negativamente a percepção de sustentabilidade fiscal a ponto de anular os efeitos do gasto adicional sobre a demanda agregada. Em todas as decisões da política macroeconômica, nunca há uma resposta sempre certa ou sempre errada. Elas serão invariavelmente tomadas em ambientes de incerteza, muitas vezes de aguda incerteza, e a resposta correta será em função de uma avaliação do balanço dos riscos relevantes.

A noção de risco macroeconômico não deve ser levada em conta apenas quando há decisões pontuais acerca da política econômica (como nos exemplos acima). Seu efeito mais importante e duradouro se deve a

---

5 Essa afirmação não é correta à medida que se pode comprar ativos de outros mercados sob outros regimes macroeconômicos, isto é, à medida que podemos diversificar internacionalmente. Essa "saída" do risco macroeconômico é impedido pela regulação dos mercados brasileiros — uma instância de repressão financeira — que aprisionam os investimentos dentro dos mercados locais, impedindo efetiva diversificação internacional.

avaliações de *regimes* de decisões, isto é, *como* essas decisões são tomadas ao longo do tempo em distintas situações por diferentes governos.

Um exemplo prático pode explicar a importância de regimes de decisão sobre a política econômica e o poder que elas têm de diminuir o risco macroeconômico — elevando a probabilidade de acerto e tendo como consequência a elevação da riqueza da sociedade.

Qual a importância do regime de metas de inflação para um banco central? Normalmente, ouvimos ser argumentado que seria a de saber onde a inflação deve estar no futuro, algo que permite o melhor planejamento dos agentes econômicos. Isso é verdade, mas é um resultado do funcionamento do sistema, e não a razão que o faz funcionar. A razão está na *previsibilidade da atuação da autoridade monetária*. Podemos observar isso na maneira como bancos centrais que adotam o regime de metas estabelecem como estratégia operacional o que é conhecido como *inflation forecast targeting*, que pode ser traduzido como "mirar os juros para fixar a previsão da inflação na meta". O conceito, que discutiremos mais adiante, seria ajustar a política monetária dependendo da previsão de inflação, assegurando que, no sentido *ex ante,* a inflação sempre esteja perto da meta no futuro. Tal estratégia operacional, se bem explicada, traz previsibilidade à ação futura do banco central, e assim deve levar a uma diminuição do risco macroeconômico associado à política monetária, ajudando a condicionar as decisões dos agentes econômicos. Idealmente, um sistema de metas crível deve condicionar as reações dos agentes econômicos a tal ponto que assegure que a inflação esteja ao redor da meta na maior parte do tempo com o menor custo possível para a atividade econômica.

Em geral, como no caso acima, haverá uma tensão entre fixar regras de reação que trazem previsibilidade e a vontade de políticos de agir de forma discricionária, reagindo à vontade a fatos novos.

A verdade foi que a inesperada virada ortodoxa no início do governo petista gerou o sentimento de que havia um consenso sobre os fundamentos da política econômica. Se os dois mais importantes e bem estruturados partidos políticos, o PSDB e o PT, concordassem acerca da importância da estabilidade e previsibilidade, então haveria certa institucionalização implícita dessas políticas, que não mais estariam sujeitas a serem rejeitadas dependendo do resultado eleitoral.

Esse sentimento explica o crescente otimismo com o Brasil durante esse período, que se adicionou aos ventos muito favoráveis vindos da economia global.

Em economia "tudo se comunica". Temos falado muito dos efeitos diretos da queda da incerteza sobre o valor dos ativos, gerando um efeito riqueza. Mas não é acidental que outro importante fator no crescimento acelerado do período que se deu até 2010 tenha sido uma grande expansão e aprofundamento dos mercados de crédito.

Mais uma vez, devemos voltar à China para entender como essa expansão de crédito sem precedentes ocorreu.

CAPÍTULO 5
Pobres Financiando Ricos

- Há um grande debate sobre o que causou a mudança de comportamento em vários países emergentes após a crise asiática de 1997, na qual essas nações começaram a ter fortes e crescentes superávits nas suas contas-correntes e acumulação de reservas.

- Uma explicação foi que isso ocorreu devido a uma decisão consciente de não importar mais capital externo e assim evitar o risco de crises financeiras. Mas isso implicaria não usufruir de um crescimento mais forte no curto prazo. Só a China teria condições políticas de fazer tal escolha, por meio da repressão ao consumo feita com a adoção do "Modelo Xangai".

- Antes da GCF, houve a época de grande crescimento global, mas com "desequilíbrios globais", quando países "pobres", como a China, estavam financiando o consumo de países "ricos", como os EUA.

Muito do debate sobre a China, especialmente nos dias de hoje, com o governo Trump seguindo uma estratégia de "guerra comercial" contra o país, aborda a questão comercial, a exportação e importação de bens e serviços. Mas, por maior importância que isso tenha, o outro lado dessa moeda — a intermediação financeira da conta-corrente chinesa — teve um impacto muito mais importante na dinâmica financeira da economia global e os eventos que nos levaram à GCF.

O rápido crescimento chinês foi fruto de escolhas específicas que tinham seus custos e sacrifícios e que foram muito além de um mero planejamento econômico-industrial e uma política cambial competitiva. Ele se baseava em uma estratégia de *repressão ao consumo*.

Repressão do Consumo

Vamos descrever de forma esquemática quais são alguns dos pressupostos desse modelo calcado na repressão do consumo.

No seu início, houve uma lógica relativamente simples para o modelo: reprimir a renda familiar e o consumo para gerar altas taxas de poupança e investimentos.

Cada um desses mecanismos gera uma transferência de renda do consumidor-trabalhador para o setor corporativo. A taxa de câmbio depreciada diminui a renda real, o que aumenta o custo de bens importados, e subsidia o exportador. A repressão financeira diminui a remuneração dos depósitos, tornando os empréstimos mais baratos, o que favorece empresas de grande porte, muitas delas estatais que ostentam elevados graus de alavancagem. Há estimativas de que esses subsídios chegaram a somar 3,5% do PIB em 2009. Distorções nos preços de outros fatores de produção adicionaram mais 3,7% do PIB em subsídios.[1] Alguns analistas estimam que, nessa época, entre 100% e 200% da rentabilidade do setor estatal vinha desses subsídios.

---

1 Ver Pettis (2013) p.37.

OS FATORES DE REPRESSÃO

1. **Câmbio real depreciado** - diminui a renda real do consumidor;

2. **Repressão salarial** - o trabalho seria a fonte de competitividade devido à sua grande população;

3. **Repressão financeira** - sustenta baixas taxas de juros;

4. **Falta de rede de segurança social ampla** - incentiva a poupança preventiva das famílias;

5. **Distorções de preços relativos** - com subsídios explícitos e implícitos para custos imobiliários, energia e outros fatores de produção das empresas.

Inicialmente, essa estratégia deu resultados fenomenais: entre 1993 e 2013, a taxa média de crescimento da economia chinesa foi de 10,2%. Para atingir essas taxas, a China investiu uma média de 37,9% do PIB ao ano. Mas as médias escondem fortes variações, especialmente ao redor da GCF.

INTERESSES EM COMUM

A primeira grande onda de "reciclagem" de excessos de poupança, nesse caso de países exportadores de petróleo, ocorreu nos anos 1970 com o financiamento por bancos globais de países como o Brasil, que sofriam com a alta internacional do preço do petróleo, e, no caso brasileiro, a política de expansão industrial e substituição de importações empreendida pelo governo Geisel sob a bandeira do *II Plano Nacional de Desenvolvimento*, o II PND, de 1975. Grande parte do endividamento ocorrido neste período levou à crise da dívida dos anos 1980.

Para o conjunto desses países deficitários, a crise da dívida dos anos 1980 implicou forte ajuste nas contas externas, até o ponto de gerar superávit nas contas-correntes para poder "exportar" poupança e sanar seus passivos.

Com o final da crise (ajudada pela inteligente reestruturação e securitização dos empréstimos patrocinados dentro da estratégia do *Brady Plan*), países emergentes começaram a acumular de novo déficits em suas contas externas no início dos anos 1990, com esse ciclo por fim se encerrando entre a crise da Ásia em 1997 e a crise da Rússia em 1998, quando mais uma vez voltamos a ver um período de fortalecimento da posição externa desses países, em particular no caso das economias asiáticas.

Mas, dessa vez, o fortalecimento da posição externa não se deu pela restrição de oferta de capitais aos emergentes, forçando um ajuste nas suas contas externas. É verdade que logo depois das crises asiática e russa, a oferta de recursos caiu. Mas a recuperação das economias atingidas foi rápida, e não houve o tipo de longa crise financeira/bancária com calotes soberanos como os vistos na crise dos anos 1980. As crises asiática e russa foram superadas rapidamente. Portanto, esses países poderiam mais uma vez correr déficits em conta-corrente para financiar seus crescimentos com a rápida volta de oferta de capital externo. Mas isso não aconteceu — as posições externas desses países continuaram fortes e, em alguns casos, até se fortaleceram.

Para alguns analistas, como Martin Wolf, do *Financial Times*, esse surpreendente fato foi fruto de uma decisão autônoma de recusar o uso da poupança externa:

> *Então o mundo viu dois grandes ciclos de déficit em conta-corrente nos mercados emergentes. O primeiro, no final dos anos 1970 e início dos anos 1980, levou a uma grande crise. O segundo ciclo, no meio dos anos 1990, foi maior, e levou a uma crise ainda pior. E aí os mercados emergentes efetivamente disseram "basta". A partir desse momento, no agregado, os países emergentes têm tido superávit em suas contas-correntes.*

(Os países emergentes) têm se recusado a aceitar o dinheiro. Eles têm, mais ou menos, mandado o dinheiro de volta para onde veio, mantendo seus superávits em conta-corrente. Os mercados emergentes têm resistido ao corolário lógico de grandes fluxos de capitais — déficit em conta-corrente. E eles estão resistindo aos déficits por uma boa razão: déficits em conta-corrente levam a crises financeiras.[2]

Mas esse argumento convence? Poucos países têm a política econômica de recusar recursos, já que correr déficits em conta-corrente implica maiores níveis de consumo, o que é sempre politicamente popular.

No entanto, havia, no conjunto dos emergentes, apenas um país relevante em nível global disposto a fazer essa escolha: a China.

Assim, a melhora sistêmica na posição externa dos emergentes não foi fruto de uma súbita adoção de prudência externa desse grupo depois das crises dos anos 1990. Esse novo fato foi principalmente uma consequência das escolhas chinesas no período em que sua economia assumia um lugar cada vez mais importante na economia global. Os outros emergentes, e isso inclui o Brasil, foram "arrastados" pela China para terem posições externas melhores em função da crescente integração entre esses países e o gigante asiático.

Agora, à medida que a China decidia adotar um padrão de crescimento via *repressão de consumo,* que acabou tendo impactos globais, de onde poderia vir a demanda para toda essa nova oferta agregada?

---

[2] Martin Wolf, Fixing Global Finance, Johns Hopkins University Press, 2010, p.39. Tradução do autor.

Os Desequilíbrios Globais

A partir de 1997, vemos uma maior intermediação global de demanda e oferta, com crescentes superávits e déficits em contas-correntes em relação ao PIB global. Nasceu assim o período dos "desequilíbrios globais".

Essa época gerou uma pequena indústria acadêmica e muita movimentação no mundo da diplomacia econômica internacional. No comentário de Eswar Prasad, ex-chefe da divisão chinesa do FMI e hoje economista na Universidade de Cornell:

> *Nas comunidades acadêmicas e dos formadores da política econômica, os crescentes déficits em conta-corrente e a expansão dos superávits em conta-corrente da China começaram a ser vistos como tipificando o problema de "desequilíbrios globais". A conotação negativa foi intencional, captando a visão de que o capital está fluindo na direção oposta ao que é previsto pelos modelos econômicos convencionais e que a culpa era de políticas inadequadas tanto nos países avançados como nos emergentes.*[3]

Vale lembrar que a grande "previsão" desse debate era que esses desequilíbrios seriam resolvidos com uma acentuada desvalorização do dólar americano, quando na verdade aconteceu exatamente o contrário durante a GCF.[4]

Uma maneira de entender como a economia global do período dos "desequilíbrios" funcionou seria conceituar a ideia de um "cruzamento macroeconômico global" em que diferentes países "se encontram".[5]

Partindo de 1995, dividimos o mundo em quatro blocos:

---

[3] Eswar Prasad, *The Dollar Trap: How the US Dollar Tightened its Grip on Global Finance*, Princeton University Press, 2014, p.43. Tradução do autor.

[4] Exemplos disso seriam as conclusões de Obstfeld e Rogoff de que, para trazer a economia global de volta ao equilíbrio, o dólar americano teria que cair 30%. Ver Maurice Obstfeld, Kenneth Rogoff, "The Unsustainable US Current Account Deficit Revisited", NBER WP 10869, novembro de 2004.

[5] Ideia do livro de Daniel Alpert, *The Age of Oversupply: Overcoming the Greatest Challenge to the Global Economy*, Portfolio/Penguin, 2013, p.22-33.

1. **Os poupadores:** Países asiáticos, sendo a China o maior deles, junto com um grupo de exportadores de petróleo.[6] Esses países tornaram-se os grandes provedores globais de poupança após 1997 (em 1995 isso ainda não era verdade);
2. **Os outros emergentes:** Conjunto de grandes emergentes que não são estruturalmente provedores de poupança. Abrange o Brasil, Índia, Indonésia, África do Sul e Turquia;
3. **EUA, Canadá e União Europeia:** Países que geraram déficits de conta-corrente (e assim foram tomadores de poupança a nível global) durante esse período;
4. **Japão:** Destacamos o Japão fora do grupo asiático por ser um país que gerou grandes superávits na sua conta-corrente (como o resto da Ásia), mas com baixo crescimento (nisso diferente do resto da Ásia).

Então, em 1995, os poupadores ainda não estavam poupando, o que gerava um pequeno déficit em conta-corrente para o grupo de 0,3% do PIB. O mesmo se dava nos países desenvolvidos, com um déficit também pequeno de 0,6% do PIB. Os emergentes também tinham déficit, expressivo em termos de seus PIBs, mas menos em termos absolutos — US$36 bilhões. Do outro lado, tínhamos superávit no Japão, que basicamente financiava todos esses déficits. Agora, qual era a situação em 2006, auge do período dos "desequilíbrios globais"?

O contexto muda radicalmente. Primeiro, há um déficit total no conjunto desses países de US$843 bilhões, contra US$166 bilhões em 1995. Segundo, de deficitários em 1995, os "poupadores" agora emprestam mais de 10% de seus PIBs ao resto do mundo, o equivalente a US$618 bilhões, boa parte emprestado ao mundo desenvolvido. Tudo isso era parte da razão pela qual o crescimento global em 2006 foi de 5,25%, contra 3,3% em 1995.

---

6 Especificamente: China, Singapura, Coreia, Malásia, Tailândia, Arábia Saudita, Catar, Nigéria, Rússia e Venezuela.

Em 2006, a enorme capacidade de oferta asiática tinha seu complemento na imensa demanda dos países desenvolvidos e em alguns emergentes. O crescimento total do grupo só foi possível devido a essa intermediação de demanda e oferta agregada.

Mas toda a intermediação da posição de conta-corrente tem seu lado financeiro: países deficitários estão emitindo passivos para países superavitários. Veremos como o erro conceitual de muitas das análises dessa época se deveu à preocupação quase exclusiva com os fluxos líquidos entre países para financiar esses déficits, sem ver claramente os riscos sendo acumulados pelos fluxos brutos financeiros, com sua composição e distribuição entre diferentes agentes muitas vezes sendo possibilitadas por meio de novos e complexos instrumentos.

O "Excesso de Poupança" de Bernanke

Em 2005, portanto antes da GCF, o então membro do *board* do Fed Ben Bernanke, que viria a ser o chefe da instituição na eclosão da crise alguns anos depois, apresentou um importante conjunto de teses para resumir o período dos "desequilíbrios globais".[7] Essas teses influenciam o debate ainda hoje, e, de certa forma, fazem parte do consenso sobre a situação da economia global.

Bernanke começa notando que a situação da economia americana naquele momento parecia estável e satisfatória, com uma possível exceção: um déficit em conta-corrente de 5,5% do PIB, cerca de US$635 bilhões no último ano, comparando isso com um déficit de 1,5% do PIB em 1996.

Ele argumenta que há duas maneiras possíveis de explicar esse rombo. A primeira seria como resultado das estruturas das relações comerciais americanas com outros países. A segunda, como resultado da dinâmica relativa de poupança e investimentos entre países.

---

7 Ver Ben S. Bernanke, "The Global Savings Glut and the U.S. Current Account Deficit", Federal Reserve Board Speech, março de 2005.

Seria então o déficit comercial americano de US$610 bilhões, que era o maior componente do déficit em conta-corrente, causado por mudanças de competitividade desfavoráveis aos EUA, ou pela concorrência desleal dos seus parceiros comerciais? Para Bernanke, essas explicações não se sustentam: a economia americana demonstrava grande competitividade devido à sua liderança tecnológica. Desta forma, o déficit da balança comercial teria que ser uma consequência de fatores mais fundamentais.

Bernanke nota o bem conhecido fato de que, por razões contábeis, o déficit em conta-corrente é igual à diferença entre investimento e poupança. Dessa forma, seria a alta do déficit americano causada pela queda observada do nível de poupança de 18% do PIB em 1985 para 14% do PIB em 2005? Bernanke também acha que não.

Outra possível razão poderia ser o tamanho do déficit fiscal, naquele momento de US$400 bilhões. Mas aqui Bernanke observa que o déficit em conta-corrente continuou a crescer na casa de US$300 bilhões entre 1996 e 2000, quando os EUA tiveram superávit fiscal.

Bernanke recusou essas explicações "domésticas", preferindo olhar para o resto do mundo.

Ele apresenta dados mostrando que, entre 1996 e 2003, o déficit americano em conta-corrente subiu 318%, ou US$400 bilhões, mas, durante o mesmo período, a posição externa de países emergentes mudou de um déficit de US$88 bilhões para um superávit de US$205 bilhões.

Para Bernanke, assim como para Martin Wolf, isso foi fruto de uma decisão desses países, depois das crises dos anos 1990, de não ter mais déficits em conta-corrente e acumular reservas internacionais. Os bancos centrais desses países têm servido de intermediários financeiros, emitindo dívida local para comprar títulos do Tesouro Americano.

As contrapartidas dessa decisão foram mudanças endógenas nos níveis de juros e câmbio para gerar demanda dentro da economia americana. O que aconteceu em dois períodos distintos.

Entre 1996 e 2000, a forte alta das bolsas americanas e seu setor de tecnologia, embalado pela criação da internet, gerou aumento de riqueza e consumo nos EUA, puxando para dentro investimentos internacionais e levando a um aumento do valor do dólar americano, o que tornou as importações mais baratas.

Com o *crash* da Nasdaq em 2000, os níveis de investimento caíram, mas, em compensação, os juros nos EUA também caíram bastante, levando a um aumento de demanda doméstica, especificamente no mercado imobiliário.

Uma explicação equivalente, porém mais clara, de como o ajuste "endógeno" ocorreu é dada por Martin Wolf:

> *A verdade é que os Estados Unidos acomodam e neutralizam qualquer coisa que o resto do mundo joga em cima deles porque, por serem os emissores da moeda mais importante do sistema, não enfrentam nenhuma restrição externa: podem pegar emprestado quanto quiserem em sua própria moeda (...) O fluxo do resto do mundo eleva o valor do dólar americano. Dado o valor apreciado do dólar americano, a produção dos setores da economia americana que produzem bens transacionáveis diminui. O Federal Reserve corta a taxa de juros para expandir a economia, evitando um excesso de desemprego. Fazendo isso, um excesso de demanda para importações emerge nos Estados Unidos. Isso, por fim, aparece como déficits comerciais e na conta-corrente.*[8]

Portanto, para Bernanke e Wolf, a situação daquele momento não poderia ser debitada a qualquer causa doméstica — era fruto de ajustes endógenos da economia americana a fatores globais, especificamente o excesso de poupança de outros países.

Devemos notar como Bernanke já tinha, em 2005, um entendimento essencialmente correto dos fundamentos econômicos que levariam à GCF. Ainda assim, como membro do Fed, ele não conseguiu "completar o raciocínio" e ver como essas mudanças estavam alimentando uma

---

8 Wolf (2010), p.100. Tradução do autor.

bolha imobiliária e de crédito que levaria à maior crise financeira desde a Grande Depressão.

Mas essa não é uma história somente macroeconômica. Para entender sua verdadeira dimensão, temos que olhar as consequências políticas e sociais de um mundo onde os países pobres começaram a financiar os pobres dos países ricos.

CAPÍTULO 6

Um Ciclo de Crédito "Made in China"

- O aumento de crédito em países desenvolvidos, especialmente o crédito imobiliário, foi uma forma de compensar a queda de renda devido à falta de competitividade de trabalhadores desses países em relação à China.

- Um sistema financeiro moderno tem a capacidade de criar "dinheiro", ou poder de compra, de forma endógena e sem limite prévio. Somente depois ocorre a movimentação de investimentos e poupança entre agentes econômicos e países.

- Antes da GCF, países emergentes acumularam ativos e assim transferiram sua poupança para os países ricos, com a acumulação de reservas em seus bancos centrais. Isso criou um risco de crédito "residual", já que bancos centrais evitam comprar ativos com risco de crédito. Esse risco "residual" foi acumulado dentro do próprio mercado financeiro, levando ao forte crescimento do sistema de shadow banking, o que gerou a crescente fragilidade financeira que por fim levou à GCF.

Já discutimos como a dinâmica dessa onda de globalização *made in China* afetou negativamente a classe trabalhadora americana. Assim, devemos perguntar: por que não houve uma reação política mais determinada e eficiente da classe trabalhadora americana à sua gradual degradação pelas forças da globalização?

Especificamente, por muitos anos, *quedas na taxa de crescimento dos salários foram compensadas não por políticas de redistribuição de renda, mas por políticas de expansão de acesso ao crédito para manter e aumentar o padrão de consumo*. O auge disso foi a criação do mercado de crédito imobiliário *subprime*, que levou pessoas sem condições financeiras a comprarem imóveis, ajudando a inflar a bolha imobiliária que levou à GCF. Enquanto houve queda e estagnação dos salários médios em termos reais, algo que uniu governos Democratas e Republicanos nos EUA foi facilitar o acesso ao crédito para compensar essa estagnação.

Aumentar o crédito parece ser uma dessas coisas com a qual todos ganham e ninguém tem o que reclamar. O consumidor consome mais — apesar da queda dos salários —, o empresário lucra mais — pelo menos enquanto o crédito está crescendo e sendo pago — e os governos ganham também, já que a tributação sempre é sócia do consumo e da intermediação financeira.

Devemos notar que o setor industrial da América Latina também sofre com a entrada da China na economia global. Um estudo do Banco Mundial já detecta dano às exportações do setor industrial do continente desde 1995.[1] Há estimativas de 2010 mostrando que 94% de todas as exportações de manufaturados da região estavam sob ameaça chinesa, representando 40% das exportações.[2] Essa época de declínio relativo do setor industrial foi também, no Brasil e em outros países latino-americanos, uma época de grande expansão dos mercados de crédito.

---

1 Gordon H. Hanson, Raymond Robertson, "China and the Recent Evolution of Latin America's Manufacturing Exports", em Daniel Lederman et al., *China's and India's Challenge to Latin America: Opportunity or Threat?*, The World Bank, 2009, p.147.

2 Kevin P. Gallagher, Roberto Porzecanski, *The Dragon in the Room: China and the Future of Latin American Industrialization*, Stanford University Press, 2010, p.56.

Quem tem Crédito não Precisa de Aumento

Apesar de atingir se ápice absurdo com a criação do crédito *subprime*, o início da compensação da queda de renda pelo crédito vem de bem antes do período que antecedeu a GCF, como mostra o economista indiano Raghuram Rajan.[3]

Rajan nota que muito da estrutura estatal para apoiar o crédito ao consumidor, especialmente o crédito imobiliário, vem desde a Grande Depressão e o conjunto de reformas do *New Deal*, mas houve muitas outras reformas para facilitar o acesso ao crédito durante vários períodos e governos.

Em 1992, com o Democrata Bill Clinton na Casa Branca, o Congresso passa o *Federal Housing Enterprise Safety and Soundness Act*, que, entre outras medidas, força agências de crédito imobiliário a criar metas de crescimento de crédito para famílias de baixa renda. Depois de Clinton, George W. Bush tem como plataforma a criação da *Ownership Society*, uma "sociedade de proprietários", principalmente proprietários da casa própria.

Tudo isso teve um enorme sucesso: entre 1989 e 2004, a fração de famílias de baixa renda que pegou empréstimos imobiliários dobrou, e o endividamento delas com cartão de crédito subiu 75%.

Certamente não é difícil entender os efeitos paliativos do aumento do endividamento em parte "justificado" pelo efeito riqueza proporcionado pelo aumento dos preços dos imóveis na bolha que levou à GCF.

Os efeitos políticos e sociais após a GCF, como o surto de "populismo" nos EUA, na Europa e em outros países que enfrentaram situações análogas, podem ser creditados *ao fim do ciclo de endividamento dos mais pobres que ocorreu com a GCF*. Não tendo mais acesso às quantias crescentes de crédito, e com sua renda estagnada devido às forças da globalização, o eleitorado, que antes compunha uma classe média americana e europeia, começou a procurar alternativas políticas fora dos partidos tradicionais.

---

[3] Ver Raghuram G. Rajan, *Fault Lines: How Hidden Fractures Still Threaten the World Economy*, Princeton University Press, 2010, p.32-41.

Também veremos mais adiante por que esse ciclo de endividamento de pessoas com menor renda gerou uma recessão muito mais profunda depois da crise financeira, tanto pela exposição dessa parcela majoritária da população como pela resposta inadequada de política econômica dada à crise.

Crédito Não É Poupança

Para entender os mecanismos que levaram à GCF, temos que conceitualmente distinguir o ato de provisão de poupança do ato de criação de crédito.[4]

Começamos com a seguinte definição: a criação de crédito em uma economia monetária é um ato de fortalecimento do poder de compra criado endogenamente pelo mercado financeiro. Veremos o que isso quer dizer.

Quando um banco decide conceder, por exemplo, uma linha de crédito, ele deposita uma quantia de dinheiro na conta-corrente do seu cliente, que o transfere para o vendedor do bem (ou serviço) adquirido. O banco agora tem um ativo no seu balanço — o empréstimo. Mas de onde veio esse dinheiro emprestado? De onde veio o funding dessa operação, o seu correspondente passivo?

Pode-se pensar que, antes de conceder o empréstimo, de constituir esse ativo, o banco deveria ter o mesmo valor de poupança já disponível para ser emprestado. Assim, haveria uma limitação na criação de crédito, que teria que ser igual ao valor da poupança preexistente — primeiro a poupança, depois o crédito para o consumo.

Mas isso não é necessariamente o que ocorre. É possível que o banco tenha liquidez excedente do lado dos seus ativos, como aplicações em títulos do governo, e assim ele pode vender esses títulos para prover recursos para novos empréstimos. Isso seria uma troca na composição de seus ativos, sem mudar seus passivos.

---

4 Parte dessa discussão se baseia em um relatório do Banco da Inglaterra, "Money creation in a modern economy", Bank of England Quaterly Bulletin, março de 2014.

O interessante é quando o banco não tem essa liquidez excedente. Nesse caso haverá a expansão do seu balanço. Mas, para o novo ativo, deve-se criar um novo passivo.

No entanto, esse mesmo banco já constituiu este passivo de fato, o *funding* necessário, quando pagou o vendedor do bem em nome de seu cliente: o ato de criar o ativo cria automaticamente um passivo. A transferência de recursos gera um depósito na conta do vendedor. Se o vendedor tiver conta no mesmo banco, automaticamente o banco "casa" o depósito, que para o banco é um passivo, com o novo empréstimo, que é um ativo. Se quem recebeu os recursos não tiver conta no mesmo banco, haverá algum tipo de transação interbancária para transferir esse mesmo montante como passivo para o banco que originou o empréstimo.[5] Em qualquer dos casos, a criação do ativo gera, de maneira automática, a criação de um passivo. *Criou-se dinheiro.* Essa condição de criar dinheiro é o que torna o sistema bancário especial e potencialmente perigoso.

Quais os limites, então, para a criação de dinheiro? Não há um limite específico quantitativo em sistemas monetários modernos em que os bancos centrais não mais tentam controlar a quantidade do dinheiro em circulação, mas sim seu preço, fixando uma taxa de juros curta (como no caso da Selic). Isso não quer dizer que não haja limites, de fato há dois conjuntos de limites: de preço e retorno, e prudenciais.

Bancos centrais e outros reguladores elaboram regulações prudenciais que limitam a criação de novos ativos, de novo "dinheiro". Isso pode ser feito, por exemplo, impondo alguma relação entre o tamanho da carteira de crédito e a quantidade de capital próprio da instituição.

Há limites também do lado do retorno esperado. Em um mercado competitivo, bancos concederão novos empréstimos até chegar à operação "marginal" em termos do retorno esperado — abaixo de um determinado

---

5 Há situações em que a soma de ativos e passivos no sistema, por alguma razão, não é igual a zero nos prazos necessários. Nesse caso, o banco central deve entrar no mercado para "zerar" o excesso ou falta de liquidez, tomando ou doando recursos, normalmente pelo prazo de um dia, ou "overnight", até que o sistema se reequilibre.

retorno, não haverá novas operações de crédito. A política de crédito e controle de risco deve impedir o crescimento da carteira de crédito a partir deste nível.

Outra limitação se dá pela política monetária. Um banco central, por seu poder de mercado, fixa a taxa de juros de curto prazo, a taxa da política monetária (no Brasil a taxa Selic). Isso cria um "chão" ou retorno mínimo esperado de qualquer operação de crédito feita sem subsídios, efetivamente criando o primeiro limite pelo qual qualquer operação em potencial tem que passar em termos de retornos esperados, já que o *funding* do banco deve ser igual a taxa de política monetária mais ou menos um spread.

Seria então o caso no qual não há limites nas relações entre o nível de investimentos e poupança em uma economia monetária? Alguns economistas, interpretando Keynes, argumentam que não. A poupança seria um "resíduo" do processo de determinação do nível da demanda agregada/produto nominal na qual sempre haverá, *ex post*, igualdade entre valores investidos e valores poupados. Portanto, não haveria por que se preocupar com o nível de poupança, só com o nível dos investimentos como componente mais volátil da demanda agregada.

Essa descrição, de certa forma, está correta em seu sentido monetário, mas errada em seu sentido econômico. O ponto crucial é que a criação de poder de compra com o ato de criação de crédito e dinheiro movimenta recursos — bens e serviços —, e seria aqui que necessariamente tem que ocorrer uma decisão prévia de poupança para este bem ou serviço estar disponível para o consumidor que adquiriu crédito. Se há um bem para ser comprado com o novo crédito, *alguém teve que se abster de consumir esse bem* (ou, o que é a mesma coisa, abster-se de consumir recursos e assim transformá-los em capital produtivo/investimentos para produzir este bem). Isso tem que acontecer antes da criação do crédito/dinheiro/poder de compra e a posterior compra do bem ou serviço.

Assim, existe um limite real, produtivo, para a criação de crédito "endógeno" dentro de uma economia monetária moderna. Esses limites são especialmente de ordem intertemporal, já que ao longo do tempo os excessos de crédito, e de poder de compra, podem superar a normal elasticidade da oferta agregada e sua capacidade de crescer ao longo do tempo, criando os conhecidos sintomas: inflação e desequilíbrios externos.

Não há, então, em nível internacional, uma verdadeira "provisão" de poupança via superávits e déficits em conta-corrente entre diferentes países. Isso é um modo de entender via definições contábeis dos componentes do PIB. De fato, a movimentação de bens e serviços entre países expressa *um saldo líquido de excesso de criação de poder de compra entre os agentes de um país deficitário contra a do país superavitário.*[6] Esses excessos de poder de compra teriam a ver com as escolhas de política econômica, principal fator condicionante da capacidade de o sistema financeiro criar ou não poder de compra de forma endógena e a capacidade nacional de atender ou não a essa demanda.

Portanto, *contra* Bernanke, nunca há *savings gluts*, mas sim *demand gluts* de um lado, junto com *excess elasticity of finance* do outro.

Risco "Residual" Dentro do Mercado

A intermediação do consumidor rico pelo produtor pobre não foi um resultado natural. A decisão de prover poupança foi feita por meio da acumulação de reservas por bancos centrais, *que em geral são avessos a carregar risco de crédito.*

Com a acumulação que começa depois das crises financeiras dos anos 1990, ocorreu *um crescente descompasso entre a provisão de poupança, que não aceitava acumular ativos que não fossem do setor público, e o risco de crédito do setor privado, tomador final dos recursos.*

Cindiu-se os riscos de crédito do cambial,[7] quase sempre por meio de intrincados mecanismos de engenharia financeira. *O risco de crédito acabou sendo um residual indesejado* na íntima interação entre economias

---

6   Ou, o que acaba sendo efetivamente a mesma coisa, um excesso de oferta monetária em uma economia em relação a outra.

7   Pressupondo que títulos do governo americano não têm risco de crédito, mas principalmente para um investidor estrangeiro que não "sofre" com as consequências da inflação doméstica, este investidor fica com o risco cambial, o risco da queda do dólar americano.

deficitárias e superavitárias. O mercado financeiro foi incentivado (e, por um período, bastante bem remunerado para tal) a descobrir como cindir e redistribuir o *risco de crédito residual*.

Esse risco foi, então, *para dentro do próprio mercado financeiro*. Mesmo com toda a sofisticação da engenharia financeira envolvida, os riscos sempre, como já mencionado, "morrem na mão" de alguém. E nesse caso foi na mão do próprio mercado financeiro, incluindo o setor bancário. O "inchaço" do setor e a "financeirização" cada vez maior da economia, dos quais o surgimento do sistema de *shadow banking* é um exemplo, indicavam a necessidade de alocar esse risco de crédito em algum lugar para que a relação entre países deficitários e superavitários pudesse se expandir e se sustentar.

Desta forma, várias das inovações financeiras do período pré-GCF, que muitos hoje criticam e apontam como suas *causas*, foram *respostas* à necessidade de cindir e redistribuir o *risco de crédito residual* que teve origem no financiamento dos consumidores de países desenvolvidos graças à acumulação de reservas por países emergentes.

Durante algum tempo, tudo funcionou muito bem e o mundo viveu um período de grande crescimento que possibilitou tirar milhões de pessoas da pobreza, inclusive no Brasil. Também por algum tempo, a acumulação do risco de crédito dentro do sistema financeiro funcionou sem percalços, pois *o próprio processo de acumulação elevou os preços dos ativos, incentivando a acumulação de risco*. O resultado foi que esses mecanismos impulsionaram o ciclo de crédito e inflaram os lucros do sistema financeiro como um todo.

No entanto, o sistema não tinha a capacidade de acumular riscos infinitamente. *O processo de acumulação em si dá início a uma dinâmica de retornos decrescentes*: quando um ativo sobe de preço sem haver uma alta equivalente no valor presente de seus rendimentos (ou seja, quando o investidor aceita pagar um "múltiplo" mais alto pela mesma unidade de retorno esperado no futuro), *o retorno esperado cai*. Em sua fase de alta de preços, o processo especulativo gera um otimismo que costuma fazer com que os investidores aceitem essa queda de retornos esperados.

Assim, o retorno do capital investido também diminui, de forma que muitos investidores, para manter níveis similares de ganhos, aumentam os níveis de alavancagem. Esse processo gera *fragilidade financeira crescente*, aumentando a vulnerabilidade das instituições envolvidas a quaisquer choques exógenos.

Elasticidade Financeira

Com a estratégia chinesa de acumulação via repressão do consumo e o crescente uso do crédito nos EUA para mascarar a falta de aumento da renda real, juntou-se "a fome e a vontade de comer". Mas falta um elemento-chave, uma solução para um problema central — podemos dizer uma "contradição" — no circuito que ligou o poupador/produtor chinês aos consumidores ricos. Se a decisão da China de poupar foi feita no nível do Banco Central do Povo Chinês via acumulação de reservas com a compra de *Treasuries*, como isso seria transformado em empréstimos hipotecários?

Discutimos como, em um sistema monetário no qual o banco central tem como instrumento de política monetária uma taxa de juros de curto prazo (em nosso caso, a taxa Selic), a oferta de crédito — a criação de poder de compra — se torna algo *endógeno* ao sistema bancário, sujeito a diferentes tipos de limites.

A forma como esses limites se impõem na prática é *complexa* e bastante *elástica*. Complexa e elástica no sentido de que diferentes limites em diferentes situações para diferentes instituições limitam a criação endógena de crédito dependendo da situação da economia.

É difícil determinar, e mais ainda prever, como determinadas mudanças nas condições exógenas (como as variáveis da política econômica) impactarão esses limites e, portanto, a criação de crédito/dinheiro e poder de compra na economia, o que determina o nível do crescimento e da inflação.

O que a literatura sobre o assunto demonstra é que há um forte elemento *pró-cíclico* na interação desses limites — isto é, contrário ao que se pode pensar, muitos desses limites ficam mais frouxos quando a economia cresce de forma acelerada. Essa observação leva ao conceito de *ciclos financeiros* que se sobrepõem e determinam em parte os ciclos econômicos mais curtos.[8]

Há vários exemplos desses mecanismos estudados na literatura. Por exemplo, já discutimos como deve haver uma relação entre capital próprio da instituição e a quantidade de ativos. Essa relação muitas vezes passa por uma modelagem de risco que tem alguma relação com a volatilidade do sistema financeiro. Para um nível esperado de volatilidade, aplica-se uma quantidade de capital para sustentar um nível de concessão de crédito.

Agora, um conhecido fato empírico: em momentos positivos do ciclo econômico, a volatilidade dos mercados cai, o que aumenta a criação de crédito e fortalece o próprio ciclo econômico e financeiro.[9] Ao contrário, em momentos de crise, a volatilidade aumenta, o que gera mais pressão negativa na criação de crédito, piorando a crise.

Todos esses fatores tiveram seu lugar na GCF, e houve, desde então, um esforço concentrado por parte dos reguladores em atacar esses fatores pró-cíclicos do sistema financeiro.

Há, porém, dinâmicas próprias do mercado financeiro que não são dessa natureza e que também merecem nossa atenção. Mas, antes de examiná-los, devemos descrever como o mercado conseguiu "resolver" o problema da intermediação entre o Banco Central do Povo Chinês como credor e dos consumidores dos países ricos como devedores.

---

8 A literatura sobre esse assunto é vasta, mas uma boa referência/introdução ao tema seria Claudio Borio, "The financial cycle and macroeconomics: what have we learnt?", BIS WP 395, dezembro de 2012.

9 Ver Tobias Adrian, Hyun Song Shin, "Procyclical leverage and value-at-risk", NBER WP 18943, abril de 2013.

Cisão de Riscos em "Cadeias"

Quando um banco concede um empréstimo e cria um ativo, assume vários riscos. Entre eles:

1. **Risco de crédito:** O risco de que o tomador do recurso não possa quitar sua dívida;
2. **Risco de juros:** Mudanças no formato e nível da curva de juros podem ter impactos distintos nos ativos e passivos do banco, gerando possíveis ganhos ou perdas;
3. **Risco de liquidez:** Há, normalmente, algum descasamento de prazo entre ativos e passivos, com os passivos sendo de duração mais curta. Dificuldades de rolar/renovar passivos — a perda de *funding* — é a forma pela qual instituições financeiras normalmente entram em crise;
4. **Risco cambial:** Pode haver descasamento de denominação cambial entre ativos e passivos.

Em sistemas financeiros modernos, há maneiras de cindir, "empacotar" e redistribuir esses riscos usando diferentes instrumentos e mercados:

1. **Risco de crédito:** A securitização de ativos permite vender os ativos; *credit default swaps* (CDS) permitem comprar seguro contra risco de crédito;
2. **Risco de juros:** Futuros, *swaps* etc. permitem *hedgiar* o risco de mudanças de juros;
3. **Risco de liquidez:** Instituições podem negociar *back up financing facilities*, que podem ser acionadas caso a instituição perca acesso a seu *funding* de mercado;
4. **Risco cambial:** Futuros, *swaps* etc. permitem *hedgiar* o risco de mudanças cambiais.

Esses e muitos outros mecanismos que possibilitam comprar e vender diferentes "dimensões" de risco embutidos em uma operação financeira foram a maneira pela qual o sistema financeiro global conseguiu "resolver" o problema central do período pré-GCF: a provisão de poupança chinesa via acumulação de reservas não englobava aceitar o risco de crédito dessa intermediação. Vamos descrever de maneira esquemática como uma "cadeia de risco" se forma para solucionar essa questão.[10]

Digamos que um consumidor americano usa seu cartão de crédito para comprar bens feitos na China. Qual a possível "corrente de risco" que esse ato de consumo pode gerar?

Primeiro, é provável que a operação de cartão de crédito seja securitizada pelo patrocinador do cartão. Segundo, com algum prazo, o vendedor do bem — uma empresa chinesa — deve ter dólares americanos creditados na sua conta. Essa empresa deve internalizar esses recursos fazendo uma operação de câmbio, vendendo USD e comprando RMB, provavelmente com um banco chinês.

Dado que o Banco do Povo controla o nível do RMB, e que a China como um todo tem contas externas superavitárias, é provável que o Banco do Povo compre os dólares do banco comercial chinês que realizou a transação com a empresa exportadora do bem (perceba que neste ato houve emissão monetária em RMB que o Banco do Povo deve esterilizar).

Nessa fase, temos de um lado o Banco do Povo com dólares, e do outro um ativo de crédito denominado em dólares securitizado representando o empréstimo feito ao consumidor americano. Notem que o Banco do Povo fica com o risco cambial ao comprar USD e vender/emitir RMB. Como "fechar" a corrente de crédito e distribuir os outros riscos?

Uma maneira de "fechar" a corrente seria o Banco do Povo comprar o ativo securitizado. Desta forma, haveria o fornecimento do *funding* e o Banco do Povo ficaria com o risco de crédito.

---

10 Para uma discussão de cadeias de risco em nível global, ver Anton Brender, Florence Pisani, *Globalized Finance and its Collapse*, Edition La Decouverte, 2010.

Mas, como já comentamos, bancos centrais não costumam assumir risco de crédito. O normal seria o Banco do Povo comprar *Treasuries*, títulos do tesouro americano.

Então, agora temos um título securitizado em dólares contra um título do tesouro denominado em dólares. Pressupondo, para simplificar, que tenham o mesmo prazo, a única diferença essencial entre eles seria o risco de crédito embutido no título securitizado.

A única maneira de fechar a corrente de riscos seria *alguma instituição vender Treasuries ao Banco do Povo, receber USD e comprar o título securitizado com esses USD*.

Isto é, alguma instituição tem que *carregar ao longo do tempo* uma posição comprada no risco de crédito e vendida no risco de *Treasuries*. Isso se configura em algo conhecido como um *carry trade*, quando alguém compra um ativo que tem um retorno mais alto que o custo de financiar o "carregamento" da posição.

Carry Trade em Nível Global

Veremos alguns números para situar o tamanho do sistema criado para intermediar o "indesejado" *risco de crédito residual* que surgiu durante o período dos "desequilíbrios globais".[11]

Em seu auge, antes de começar a enfrentar saída de capitais por investidores locais, o Banco do Povo chegou a acumular US$4 trilhões em reservas, tendo somente US$217 bilhões em 2002.

Em 2013, a dívida bruta americana era de US$16,8 trilhões, com US$5,6 trilhões nas mãos de estrangeiros, em grande parte bancos centrais. Olhando para a dívida líquida americana, ao redor de US$12 trilhões, 47% está com investidores estrangeiros.

---

[11] Ver Tony Volpon, "Tsunami Monetário – Ciclos monetários internacionais e desafios para a economia brasileira", Banco Central do Brasil, Trabalho para discussão 423, março de 2016, p.22-23.

Em 2007, logo antes da GCF, o estoque de ativos securitizados chegava a US$11,5 trilhões, sendo US$2,5 trilhões em *asset-backed securities* (os ABS, usados para securitizar operações de crédito ligadas ao consumo) e US$9 trilhões em *mortgage-backed securities* (MBS, usados para securitizar hipotecas).

O acúmulo de reservas pelos bancos centrais de países emergentes, liderados pela China, que era o lado financeiro de seus saldos em conta-corrente (em grande parte fruto de fortes superávits na balança comercial), gerou, do lado dos países consumidores, liderados pelos EUA, o crescimento vertiginoso em ativos com risco de crédito. Esquematicamente, tínhamos nas duas pontas o produtor chinês e o consumidor americano.

A necessidade de "acobertar" o risco de crédito deste circuito gerou um *carry trade* sistêmico entre classes de ativos. Por mais complicado que fossem os instrumentos utilizados, a exposição de risco no agregado era simples: ficar comprado no risco de crédito com uma diferença, ou spread, positiva contra a curva de juros "sem risco" de uma curva soberana (como a *Treasuries* no caso americano).

O crescimento deste *trade* gerou uma onda de inovação financeira, mas também o surgimento de um sistema de crédito "paralelo" ao sistema bancário tradicional, o que hoje é conhecido como *shadow banking system*.

Em linhas gerais, *shadow banking* seria qualquer instituição não bancária que pode assumir risco de crédito. Por não fazerem parte do sistema bancário "oficial", que é mais regulado, antes da GCF essas empresas tinham mais liberdade operacional, menos supervisão e restrições regulatórias.

O que se viu nos anos dos "desequilíbrios globais" e a crescente intermediação de contas-correntes entre países foi o crescimento em paralelo do sistema de *shadow banking* para acobertar o risco de crédito que se acumulou dentro do sistema financeiro.

Tomemos como exemplo o setor de bancos de investimentos. A função tradicional de um banco de investimento seria a de intermediar o lançamento de ações ou títulos de empresas com investidores finais, institucionais ou no varejo. Um banco de investimento era basicamente uma corretora com capital próprio para facilitar essa intermediação. Suas posições eram líquidas, de curto prazo, e normalmente financiadas com um *funding* de curto prazo, proveniente do sistema bancário.

Com o crescimento do setor, decorrente da globalização das finanças, a partir dos anos 1980, essas instituições começaram a se dedicar a operações além da intermediação de títulos e ações. Elas começaram a "armazenar" os riscos em seus balanços. No espaço de dez anos até 2007, o tamanho do setor nos Estados Unidos quadruplicou, chegando a US$3 trilhões.[12] Posições "proprietárias", ou posições de risco usando capital próprio e dinheiro emprestado, chegaram a US$800 bilhões. O nível de alavancagem, a razão entre ativos e capital próprio, chegou a ser entre trinta ou quarenta vezes o patrimônio líquido em alguns casos.

O setor de *hedge funds* também cresceu de forma explosiva. Esses fundos privados de investimento, que usam uma variedade de estratégias e instrumentos, chegaram a US$1,9 trilhão de patrimônio em 2007.

Outras instituições que cresceram neste período, usadas por muitos bancos para tirar posições de risco dos seus balanços (já que essas posições sofriam maiores restrições dos reguladores), foram as *structured investment vehicles* (SIVs). Essas empresas ligadas a conglomerados financeiros compravam ativos de crédito, e se financiavam fazendo *repos* (operações de venda e compra casadas, um tipo de empréstimo colateralizado de curto prazo) desses títulos no mercado aberto para *funding*. Muitas conseguiam *funding* barato por ter garantias de seus parentes bancários. Esse setor chegou ao montante de US$1,8 trilhão.

Há outros exemplos de como o risco de crédito foi acobertado dentro do mercado, como o caso de bancos europeus com subsidiárias nos EUA, que foram grandes compradores de títulos securitizados, efetivamente "reciclando" o superávit de conta-corrente de países como Alemanha e Holanda rumo aos EUA.[13] Tais instituições enfrentaram graves problemas

---

12 Volpon (2016), p.24; Brender e Pisani (2010), p.15
13 Ver Claudio Borio, Harold James, Hyun Song Shin, "The international monetary and financial system: a capital account historical perspective", BIS WP 457, agosto de 2014.

durante a GCF, quando suas fontes de *funding* no *Money Market* americano acabaram. Sendo bancos europeus, essas instituições não podiam acessar liquidez em dólares no Fed. Foi só com a provisão de linhas de *swap* em dólares entre o Fed e o Banco Central Europeu que foi resolvido este problema que quase levou muitos desses bancos à falência e outros a ter que recorrer a ajuda financeira de seus governos.

Todos esses novos atores e instrumentos foram o lado financeiro "gêmeo" da conta-corrente que sustentou a relação simbiótica entre os EUA e a China (junto com seus países "derivados", como o Brasil). Conforme os mercados de crédito dos EUA cresceram, cresciam também as reservas chinesas. No meio ficava o mercado financeiro e o crescimento explosivo do *shadow banking*.

Época de Ouro

Apesar de todas as preocupações com os tais "desequilíbrios globais", hoje sabemos que o período foi uma época de ouro para a economia global como um todo. A relação positiva entre o tamanho agregado dos déficits e superávits de conta-corrente em escala global não foi meramente um acaso, mas casual: a capacidade de diferentes países de reciclar suas poupanças onde há melhor oportunidades de investimento e consumo elevou a demanda agregada do conjunto.

Mas essa intermediação de poupança e investimentos levou, do seu lado financeiro, e em função de como isso se deu, a uma crescente fragilidade financeira que desencadeou a GCF de 2008.

A narrativa convencional sobre a GCF tem sido "moralizada", e a crise é normalmente descrita como o resultado dos excessos de um sistema financeiro "fora de controle" junto com a complacência dos reguladores.

Mas, como já vimos, a China assumiu um protagonismo global que explica tanto os bons tempos antes da GCF como a própria GCF.

CAPÍTULO 7

GCF

- A acumulação de risco de crédito dentro do mercado financeiro inicialmente funcionou muito bem, já que o próprio processo leva a uma alta generalizada dos preços dos ativos e ajuda o crescimento econômico.

- Mas, paradoxalmente, à medida que os preços sobem, o retorno futuro esperado cai. Se, ao mesmo tempo, o custo de financiamento das posições de carry trade aumentam devido a um aperto monetário, a antes alta rentabilidade se transforma em perdas, o que pode gerar uma crise financeira em um ambiente generalizado de alta alavancagem.

- Na GCF, o estopim da crise foi a progressiva falta de liquidez, e o aumento do custo dos passivos usados por vários agentes para financiar posições alavancadas em hipotecas e outros ativos securitizados.

- A GCF levou a uma "Grande Recessão" em razão dos impactos assimétricos de riqueza entre pessoas de maior e menor renda. O que acabou insuflando a onda política populista que estamos vendo ao redor do mundo desde então.

Não seria um exagero dizer que tudo de realmente relevante na economia (e em grande medida na política) global ocorreu devido à Grande Crise Financeira de 2008, a GCF. Também não seria exagero prever que suas consequências ainda serão um fator condicionante dessas duas esferas por muitos anos.

A entrada da China na economia global, dada sua peculiar estratégia de crescimento baseada na *repressão do consumo*, gerou a necessidade de procurar a demanda externa por suas exportações. A escolha por acumulação de reservas — uma consequência natural da sua política econômica — gerou um problema estrutural, já que seu consumidor final eram famílias americanas, e não o governo americano, cujos títulos a China desejava como instrumento de poupança. Portanto, surgiu uma demanda por maneiras e lugares para colocar esse *risco de crédito residual*.

Por causa disso, de forma conjuntural, em função das particularidades dos mercados financeiros dos países avançados, ocorreu uma explosão de inovações financeiras, a criação de novos instrumentos — assim como de novas instituições —, o que foi batizado de *shadow banking*.

Todas essas novidades trouxeram a ilusão de estabilidade, mas o tempo revelou que esses novos mercados não escapavam das usuais dinâmicas especulativas, ou do fato de que, por mais que determinado conjunto de riscos seja cindido, reunido e distribuído, ele *sempre fica dentro do sistema financeiro*. Com a conhecida dinâmica de alta de preços, excessos especulativos e aperto monetário, um sistema cada vez mais frágil acaba desabando.

Bolhas por Todos os Lados

Por que essa "sistemática" deu errado? A relação, a "rede" *consumidor rico/ mercado (detentor de risco de crédito)/Banco do Povo (detentor de risco cambial)/produtor chinês* parecia bem articulada. Cada parte tinha sua função complementar dentro da rede.

Como comentamos, o sistema monetário moderno tem uma *elasticidade* inerente: as várias limitações na criação de crédito/poder de compra têm uma tendência de funcionar de forma pró-cíclica e elástica.

É um exercício contrafactual interessante considerar a possibilidade de que o sistema pré-GCF poderia ter sido estável e duradouro se, por exemplo, houvesse tido uma melhor regulação. Antes da GCF, houve uma linha de pensamento que ia nessa direção, vendo nesse sistema de relações um "novo Bretton Woods".[1] Mas o que de fato aconteceu foi o surgimento de crescentes bolhas de crédito e imobiliária em nível global.

Por que essa disposição de movimentos especulativos geraram bolhas especulativas? Aqui, gostaria de citar um trecho do economista keynesiano Hyman Minsky, cujo trabalho sobre a fragilidade financeira e processos especulativos foi "redescoberto" durante a GCF:

> *O processo pelo qual o sistema financeiro especulativo aumenta proporcionalmente ao sistema financeiro geral leva a preços de ativos mais altos e a níveis elevados de investimento. Isso, por outro lado, conduz à melhora nos níveis de emprego, produção e lucros, o que, em troca, leva homens de negócios e banqueiros a considerar que suas experiências com o sistema financeiro especulativo foram válidas.*[2]

Minsky define o sistema financeiro "especulativo" como um sistema no qual os níveis de alavancagem são tão altos que o refinanciamento das dívidas implica emissão de mais dívidas (isto é, o fluxo de renda não cobre a rolagem do endividamento). No extremo, Minsky compara essa situação a um "esquema Ponzy",[3] já que as empresas neste limite ficam dependentes, para sua sobrevivência, de acesso contínuo a novos financiamentos para pagar seu crescente endividamento.

---

1 Ver Michael P. Dooley, David Folkerts-Landau, Peter Garber, "An essay on the revived Bretton Woods System", NBER WP 9971, setembro de 2003.
2 Hyman Minsky, *Estabilizando uma economia instável*, Novo Século, 2010, p.92.
3 Minsky (2010), p.125.

Minsky aponta a relação pró-cíclica entre o uso da alavancagem, seus efeitos positivos sobre os preços dos ativos, e subsequentemente sobre a própria atividade, o que "valida", a princípio, a estratégia de alto risco daqueles no sistema "especulativo".

Talvez a afirmação mais importante de Minsky seja que *em períodos de relativa calmaria são plantadas as sementes para crescente atividade especulativa*. Assim, a tendência natural do sistema financeiro seria a de se tornar mais instável e frágil devido ao fato de que, inicialmente, a própria atividade especulativa "ratifica" seu sucesso pelos efeitos positivos que ela induz sobre o lado real da economia:

> *Homens de negócio e banqueiros, encorajados pelo sucesso, tenderão a aceitar doses maiores de financiamento de dívidas. Durante períodos tranquilos de expansão, instituições financeiras em busca de lucros inventam e reinventam "novas" formas de dinheiro (...) a inovação financeira é uma característica de nossa economia quando atravessa bons tempos.*[4]

Portanto, o que Minsky chama de "sistema especulativo" ganha crescente peso na economia exatamente quando há certa estabilidade. Esse processo gera crescente fragilidade porque o fluxo de caixa esperado tem que crescer proporcionalmente mais rápido, já que estão usando dívidas para pagar juros: qualquer decepção ou choque negativo se torna possivelmente mortal.

Lembremos que a criação endógena de dinheiro e crédito significa criar poder de compra. A princípio o efeito positivo desse novo poder de compra na economia valida a decisão de criá-lo. Minsky acerta em afirmar que momentos de "calmaria" seriam propícios a uma maior elasticidade financeira, já que as taxas de juros devem estar baixas, assim como o nível de preocupação dos reguladores.

No caso da GCF, devemos notar que a política monetária seguida pelo Fed e outros bancos centrais dos países "consumidores" antes da crise com certeza deu sua contribuição, independentemente dos argumentos

---

4 Minsky (2010), p.253.

apresentados depois da crise que diziam não haver uma alternativa melhor para a condução da política monetária.

A rápida queda dos juros, de 6,5% em 2000 para 1% em 2003, gerou o ambiente monetário propício para o crescimento de finanças "especulativas". Em seguida, o Fed, liderado por Alan Greenspan, iniciou a prática de *forward guidance,* prometendo um curso de alta bastante gradual na taxa de juros, apesar da recuperação da economia e os crescentes sinais de excessos especulativos nos mercados imobiliário e de crédito. *Forward guidance* neste episódio cai bem dentro do conceito de "calmaria" inicial que incentiva o processo especulativo.

Foi neste ciclo monetário americano que a China teve seu primeiro grande papel. As compras de *Treasuries* para suas reservas internacionais colocaram pressão de alta nos preços desses títulos, e subsequentemente pressão de baixa nas taxas de juros ao longo da curva. Isso "bloqueou" em parte a transmissão do aperto monetário: as altas do *fed funds* não estavam sendo "transmitidas" para o resto da curva de juros. Greenspan na época chamou isso de um *conundrum,* ou um enigma.

Mas esse "achatamento" da curva, à medida que o Fed compensou a falta de reação da parte longa da curva de juros subindo os *fed funds* ainda mais, que chegaram a 5,25% em 2006, foi fatal para os vários tipos de *carry trade* com alta alavancagem que o mercado estava sustentando. Isso porque um *carry trade* típico envolve passivo/financiamento de curto prazo contra ativo/investimento de prazo mais longo. Enquanto para o mercado imobiliário as taxas de juros de longo prazo eram mais importantes, para o setor financeiro alavancado o que contava era a taxa de curto prazo que definia o custo do *funding*.

Um exemplo simples seria ver o que aconteceu com a diferença, ou spread, entre a taxa de juros de três meses, um bom *proxy* para o custo de uma instituição financiar seus ativos, e a taxa de uma hipoteca de trinta anos.[5] De um spread negativo em 2001, ela sobe para mais de 5% rapidamente, ficando neste patamar até 2004, o que indica uma excelente oportunidade de ficar comprado em MBS de hipotecas, financiando essa

---

5 Bender, Pisani (2010), p.72.

posição no curto prazo nos *money markets*. Em 2004, porém, esse spread começou a cair, ficando negativo em 2005.

Assim, podemos dizer que *a causa imediata da GCF foi o aperto monetário, que fez com que o que eram antes rentáveis posições de* carry trade *fossem, ao longo do ciclo, se fragilizando pelo crescimento de tamanho e dos níveis de alavancagem.*

Há outra dinâmica que atua sobre os ativos dessas posições de *carry trade*. No início do ciclo, como discutimos, o impacto positivo na economia do processo de criação de crédito e acumulação de riscos gera uma validação endógena da atividade, incentivando que os agentes envolvidos repitam estratégias que estão "dando certo". Conforme a compra de mais ativos ocorrem, naturalmente seus preços sobem (o que apresenta outra validação do processo especulativo). A teoria financeira de precificação de ativos (*valuation*) coloca uma relação entre o fluxo de caixa futuro de um investimento, corretamente descontado em seu valor presente, e o preço do ativo. Por causa das grandes incertezas de, na prática, estimar fluxos futuros, o que ocorre é que os agentes decidem pagar "múltiplos" mais altos sobre a receita/lucro esperados.

Enquanto não há nada de errado em pagar múltiplos maiores se há a expectativa de um aumento no crescimento dos lucros, o que se observa é um processo de crescente especulação no qual os "múltiplos" extrapolam o que se pode esperar para a taxa de crescimento futura dos lucros. Neste caso, efetivamente, *à medida que os preços sobem, o retorno futuro esperado cai.*

Essa conclusão pode não parecer intuitiva, mas pode ser facilmente deduzida se, em um caso ilustrativo, for considerado o que aconteceria com os retornos no futuro de um ativo que paga um rendimento fixo depois de uma alta de preços. Sendo assim, a "regressão à média" indicaria a necessidade de queda de preços, ou retornos negativos, para restabelecer a relação preço/fluxo de rendimento. Nesse caso simples e ilustrativo, uma escalada de preços (retornos positivos) seria compensada no futuro com quedas de preço (retornos negativos).

A escalada de preços de MBS, ABS e outros ativos de risco de crédito, inclusive quando havia uma piora concreta nos fundamentos conforme o ciclo econômico "envelhecia", foi a forma como essas dinâmicas se manifestaram no período que nos levou à GCF.

Assim se "fecha a tesoura" que acaba com o *carry trade*: de um lado, os retornos dos ativos caem, fruto de um processo acumulativo de posições com preços subindo, gerando retornos futuros menores. Do outro lado, os efeitos sobre a economia do próprio processo fazem com que a autoridade monetária aperte as condições financeiras, aumentando o custo da captação/*funding*. O spread inicial do *carry trade* começa a cair, diminuindo a margem de sobrevivência a qualquer surpresa negativa por causa da alta alavancagem dessas operações. A fragilidade sistêmica aumenta e eventualmente algo dá errado.

Quando se Quebra, é Sempre pelo Passivo

O modelo clássico de um banco quebrando passa por uma "corrida" contra seus depósitos. Já que a posição de caixa (que é um ativo) é sempre menor que o passivo (os depósitos), o banco pode quebrar até, ainda que seus ativos sejam de boa qualidade, por mera falta de liquidez.

Isso instituiu o princípio enunciado pelo inglês Walter Bagehot no século XIX: bancos centrais devem emprestar recursos "sem limites" para instituições bancárias com "bom colateral".

O que se viu durante a fase aguda da GCF foi exatamente um tipo de "corrida" contra instituições que estavam envolvidas nas muitas variantes do *carry trade*, especialmente aquelas habitando o pouco regulado *shadow banking*, mas também tendo pouco ou nenhum apoio dos bancos centrais.

O economista Gary Gorton e seus colaboradores[6] têm feito importantes pesquisas mostrando como os mercados nos quais as instituições de *shadow banking* financiavam suas posições deram progressivos sinais

---

6 Ver, entre outros, Gary B. Gorton, Andrew Metrick, Lei Xie, "The light from maturity", NBER WP 20027, abril de 2014; Gary B. Gorton, Andrew Metrick, "Who ran repo?", NBER WP 18455, outubro de 2012.

de fragilidade até os eventos de outubro de 2008 e a quebra do Lehman Brothers.

Para Gorton, o estopim da crise foi uma "corrida", uma "parada súbita", nos mais importantes mercados de financiamento: *asset-backed comercial paper* (ABCP), *money market funds* e *repurchase agreements* (repos). Ele demonstra que, antes dessa "parada", houve um progressivo encurtamento dos prazos negociados nesses mercados, junto com o aumento das taxas/spreads para financiamentos mais longos. A "corrida" de outubro de 2008 foi antecipada por esses sinais de estresse e fragilidade nos mercados de *funding*.

Gorton mostra, por exemplo, que a razão de emissões com prazo abaixo de vinte dias em relação a emissões acima de vinte dias no mercado de ABCP subiu de cerca de 60% para 150% no início de 2007, evidenciando encurtamento de prazos, devido aos eventos que levaram à quebra do banco de investimento Bear Stearns. Há uma forte correlação entre essa série e a diferença entre a Libor — taxa de financiamento dos bancos — e a OIS — derivativo que mede a expectativa do mercado com a taxa *fed funds*. Assim, o spread Libor-OIS mede a alta do custo de financiamento do sistema bancário no curto prazo. Com os eventos de outubro 2008, a razão dos prazos dos ABCP explode para 350%. Portanto, vemos que os sinais de fragilidade do financiamento do *shadow banking* já tinham começado em 2007.

Houve também impacto nas taxas pagas no mercado de ABCP. Em julho de 2007, a diferença de custo de captação do spread contra a Libor entre overnight e três meses era insignificante, perto de zero. Em agosto de 2008, pouco antes da quebra do Lehman, o spread chegava a ser de 0,8%. Em dezembro de 2008, dobrou para 1,6%.

Gorton também discute o que ocorreu no mercado de repos. Os maiores tomadores de fundos neste mercado antes da crise eram bancos comerciais e de investimentos — esses últimos normalmente trabalhavam com alta alavancagem em seus balanços e não tinham fontes "naturais" de captações com depósitos, e assim dependiam muito de captar nos mercados institucionais (*money markets*).

Gorton mostra que, do segundo trimestre de 2007, pouco antes da GCF, ao primeiro trimestre de 2009, a captação via repos caiu em US$1,3 trilhão, basicamente pela metade. Entre 2000 e 2007, o tamanho das posições de bancos comerciais e de investimentos neste mercado saltou de US$1 trilhão para US$2.2 trilhões. Bancos de investimento financiavam cerca de 50% de suas carteiras neste mercado.

A retirada de financiamento foi a razão de primeira ordem para a quebra do Lehman Brothers e da Merrill Lynch – esta última se salvando por ter sido comprada pelo Bank of America no mesmo final de semana da queda do Lehman.

Quem eram os doadores de recursos neste mercado? Quem "sacou" seus financiamentos, levando à crise? Gorton nota que instituições estrangeiras diminuíram suas posições doadoras neste mercado por volta de US$400 bilhões. Isso mostra um tema comum da GCF que continuou até mesmo após a rápida recuperação dos mercados financeiros: a crescente desintermediação internacional, *cross border*, do sistema financeiro global, com bancos comerciais voltando seus negócios a seus mercados domésticos, o que, em muitas praças, como a brasileira, aumentou a concentração do setor bancário.

Outros grandes doadores neste mercado eram os *money market funds*, que seriam uma versão dos nossos fundos DI, com cerca de US$420 bilhões em financiamentos. Diferentemente dos financiadores estrangeiros, esses doadores de recursos não abandonaram o mercado depois da quebra do Lehman, graças à rápida reação do Fed para garantir o setor como um todo (como são garantidos os depósitos bancários), o que gerou entrada de recursos procurando um "porto seguro" e assim a necessidade de aplicar esses recursos no mercado.

O que o trabalho de Gorton e outros pesquisadores mostra é que o mecanismo pelo qual a GCF ocorreu foi principalmente uma "corrida" contra mercados de financiamento de posições. Esses mercados forneciam o "combustível" para o *carry trade* global. A intermediação do *risco de crédito residual* se deu pelo veloz crescimento, de um lado, de mercados geradores de "pacotes" desses riscos e seus derivativos: MBS, ABS, CDO,

CDO², CDS etc.; e do outro lado, de mercados para financiar essas posições, como repos — esses sendo de prazo bem menor —, implicando que agentes envolvidos no *carry trade* corressem grandes riscos de *funding*.

Com os primeiros sinais de crise no início de 2007, os custos e condições de financiamento começaram a piorar, mas o movimento não foi "linear". A intervenção do Fed para a venda do Bear Stearns gerou um sentimento de que "havia um xerife" tomando conta da situação. A crença em uma efetiva intervenção das autoridades aliviou a situação momentaneamente.

Mas a piora constante dos mercados imobiliários e da economia como um todo ao longo de 2007 e 2008 continuou pressionando os mercados de *funding*, e a quebra do Lehman Brothers teve como uma de suas razões exatamente o *moral hazard* criado pelo Fed quando salvou o Bear: acreditando na sua "importância sistêmica", os executivos do Lehman recusaram várias ofertas de financiamento e de compra da empresa, apesar da crescente pressão financeira e da queda de preço das suas ações. Quando a situação chegou ao limite, o Fed afinal tentou usar seus poderes de persuasão para arrumar um comprador, mas sem oferecer ajuda financeira (diferentemente do caso do Bear), e com várias outras instituições enfrentando problemas similares, a quebra do Lehman — algo para muitos impensável — aconteceu.[7]

Rápida Recuperação dos Mercados, Mas uma Grande Recessão

O Fed e outros regentes podem, e devem, ser culpados por sua atuação nos anos que levaram à GCF. Além de estarem, em grande parte, "dormindo no ponto" quando havia sinais claros de bolhas especulativas nos mercados imobiliários e de crédito, suas ações durante a fase aguda da crise deixaram muito a desejar. A crença de que os mercados "aguentariam" a

---

7 Para a melhor narrativa sobre os eventos que levaram à bancarrota do Lehman, ver Andrew Ross Sorkin, *Too Big to Fail*, Viking, 2009.

quebra do Lehman foi uma das piores avaliações feitas pelas instituições e pessoas envolvidas na gestão da crise.[8]

Mas, frente ao enorme choque que a decisão de deixar o Lehman quebrar causou, as autoridades perderam qualquer vergonha de colocar recursos do contribuinte nos mercados: a gigante de seguros AIG, por exemplo, acabou recebendo US$182 bilhões de dinheiro público.

De fato, e em contraste com as ações adotadas antes da crise, as medidas logo após a quebra do Lehman foram corajosas, inovadoras e, em grande parte, bastante eficientes. É uma ironia do destino que, em sua maioria, os envolvidos tenham escapado de críticas por suas ações antes da crise, e que contribuíram para ela, mas recebido muitas críticas pelas medidas adotadas depois, tanto da esquerda, do partido Democrata, como do movimento populista que viria a ser chamado de *Tea Party*.

As medidas foram muitas, e bastante eficazes.[9] Visavam, em um primeiro momento, garantir que "não haveria outro Lehman". Segundo, a de "reintermediar" os vários mercados que sofreram paradas súbitas com a quebra do Lehman. Finalmente, depois de idas e vindas com o Congresso, foi decidido injetar capital público nas grandes instituições financeiras como um todo, até naquelas que estavam relativamente bem. Essa injeção, e a posterior publicação dos resultados de *stress tests* sobre os balanços dos bancos, aumentou a confiança na credibilidade do sistema bancário como um todo.

A eficácia dessas ações pode ser vista pela rápida recuperação de vários mercados. Um exemplo: entre o final de agosto de 2008 e seu ponto mínimo em março de 2009, o índice de bolsa SP 500 caiu quase 50%. Depois, no espaço de dois meses, com a ajuda do governo ao setor bancário, o índice subiu 40%. Até o final do ano, a alta foi de 69%.

---

8   Tanto Bernanke como o secretário do Tesouro Hank Paulson acreditavam que os mercados "tinham tido muito tempo para se preparar" para a quebra do Lehman. Ver Alan S. Blinder, *After the Music Stopped: The Financial Crisis, the Response, and the Work Ahead*, Penguin Press, 2013, p.125.

9   Para os detalhes e discussão das medidas, ver Blinder (2013), capítulos 6 e 7.

A veloz recuperação dos mercados, junto com outras ações da política econômica, levaram muitos a pensar que haveria uma recuperação relativamente rápida da economia. Afinal, esta era em primeiro plano uma crise financeira e bancária, porém mais financeira do que bancária, já que, com exceção do Lehman, nenhuma outra instituição americana de porte relevante quebrou.

Mas não foi isso que aconteceu. Apesar da relativamente rápida recuperação dos mercados, a economia entrou naquilo que mais tarde foi chamado de Grande Recessão.

A letárgica recuperação econômica, a despeito de uma aparentemente veloz recuperação dos mercados, ainda hoje é tópico de debate, e vamos explorar algumas facetas dessa questão no próximo capítulo. Mas aqui gostaria de resumir o importante trabalho dos economistas Atif Mian e Amir Sufi acerca de como os efeitos assimétricos da GCF sobre a parcela mais pobre da população foi uma das razões pelas quais o impacto econômico da crise foi tão severo. Esse trabalho serve inclusive para entender por que a recessão brasileira de 2014-2016 também merece ser chamada de uma Grande Recessão. Vemos aqui surgir outro tema fundamental deste nosso trabalho: como o *efeito riqueza* foi determinante em uma economia monetária moderna.

Mian e Sufi começam perguntando por que severas recessões acontecem. Com críticas a algumas das respostas mais corriqueiras, eles apontam que uma característica em comum da Grande Depressão e da Grande Recessão foi o forte aumento do endividamento dos consumidores antes da crise: entre 2000 e 2007, o endividamento dos consumidores americanos dobrou, chegando a US$14 trilhões.[10] Eles notam que contrações acentuadas da atividade quase sempre acontecem depois de um grande ciclo de endividamento dos consumidores, em que o consumo — tipicamente um dos maiores e mais estáveis componentes do PIB — sofre fortes quedas.

---

10 Atif Mian, Amir Sufi, *House of Debt: How They (and You) Caused the Great Recession, and How We Can Prevent It from Happening Again*, Chicago University Press, 2014. p.4.

Olhando para dados de 2007, eles mostram que a parcela 20% mais pobre da população americana, em termos de sua posição financeira total, estava altamente alavancada: quase 80% de sua posição financeira era de dívidas, com o valor líquido de suas casas representando quase a totalidade de sua riqueza financeira. Enquanto isso, com os 20% mais ricos era quase o contrário: uma posição "espelho" com quase 80% da riqueza nos mercados financeiros. Como observam Mian e Sufi, "a dívida do pobre é o ativo do rico".[11]

Partindo dessa posição financeira, podemos ver como os efeitos da crise foram altamente assimétricos. Os preços dos imóveis chegaram a cair 30% entre 2006 e 2009. Mas, em função da alavancagem da posição financeira dos mais pobres, e do fato de parte do seu endividamento representar dívida hipotecária, os efeitos da queda dos preços de imóveis em seu patrimônio líquido foram muito maiores do que 30%.

Do outro lado, os 20% mais ricos também sofreram com a queda de preços de seus imóveis. Mas seu endividamento era mais próximo de 5% de sua posição financeira. Do lado dos ativos, houve quedas expressivas nas bolsas, mas também grandes altas em ativos de menor risco, como *Treasuries*. Assim, o impacto no patrimônio líquido familiar médio foi uma modesta queda de US$3,2 milhões para US$2,9 milhões.

O impacto dessa destruição de riqueza dos mais pobres foi diretamente para o consumo: no terceiro trimestre de 2008, o componente que mais caiu foi o consumo, uma queda de quase 3%, mais do que a de investimentos — que só seria maior do que o consumo no primeiro trimestre de 2009.

Para apoiar suas teses, Mian e Sufi também olham para a distribuição geográfica da queda do consumo. Os dados mostram correlação positiva entre a queda do consumo, a queda de preços dos imóveis e o nível de alavancagem dos consumidores nos condados examinados.

---

11 Mian, Sufi (2014), p.20.

O trabalho de Mian e Sufi é parte de uma reação dentro da literatura econômica que, em função da GCF, está dando mais peso a questões financeiras e à importância da posição, ou estoques de ativos, do que a passivos carregados pelos agentes.

Modelos econômicos canônicos colocam grande importância na determinação dos fluxos que compõem a demanda agregada, com a oferta definida pela capacidade produtiva instalada. Pouca atenção é devidamente dada a posições de estoque, inclusive estoques financeiros, e como a interação destes determinam os fluxos com mais importância e duração. As oscilações de preços dos estoques financeiros da economia, o *efeito riqueza*, são mais importantes e determinam os níveis de fluxo que compõem o crescimento econômico. Tudo isso voltará a ser importante na discussão do *boom* lulista e do *crash* dilmista.

A Destruição de Riqueza de Quem Menos Merecia

Os eventos dessa crise ainda ditam boa parte da agenda econômica atual. O contexto da política em muitos países, como a irrupção de vários tipos de populismo, está sendo ditado pelas consequências da GCF. Como no caso da Grande Depressão dos anos 1930, que condicionou o contexto econômico e político até pelo menos a Segunda Guerra Mundial, a GCF é um dos pontos nevrálgicos dos nossos tempos.

A GCF destruiu muita riqueza, mas esse efeito não foi simétrico, recaindo relativamente mais pesado na parcela mais pobre da população em todos os países. Há uma destruição de riqueza consideravelmente maior das camadas mais pobres, com a "casa própria" sendo grande parte deste patrimônio. Isso foi a principal razão pela qual a GCF gerou uma "Grande Recessão" nos EUA.

Com a queda dos mercados imobiliários, e um ambiente de restrição do crédito ao consumidor pós-crise (devido em parte ao brutal aumento de regulação imposta ao setor bancário depois da crise), acabou-se a "compensação" via endividamento crescente para a secular queda de renda real, fruto (em parte) da globalização "chinesa".

A globalização no seu sentido político, institucional e tecnológico permitiu um alinhamento de interesses entre as elites dos países desenvolvidos e a nova classe trabalhadora em países em desenvolvimento — especialmente na supercompetitiva China. Onde antes a estrutura do modo de produção era concentrada na criação de valor na economia doméstica, forçando a elite a compactuar com a classe trabalhadora local, agora a capacidade de fracionar a produção globalmente torna o trabalhador local dispensável.

Entender essa dinâmica em escala global demonstra como o "desmonte" do sonho americano não foi um "complô" de uma direita reacionária destruindo a sociedade criada a partir do *New Deal* de Roosevelt, como defende a esquerda americana. Essa ação política só foi possível devido a profundas mudanças na economia global que diminuíram o poder de barganha e raio de ação política da classe trabalhadora. Essas pessoas também foram progressivamente abandonadas, a partir dos anos 1960, pelo Partido Democrata, que estava mais interessado em perseguir uma agenda libertária social focada em *identity politics* do que em defender de maneira efetiva os interesses econômicos da classe trabalhadora alojada no setor industrial.

Perdendo renda, casa e o cartão de crédito, não é difícil explicar a irrupção de movimentos populistas ao redor do mundo desenvolvido. Foi esse grupo de eleitores "esquecidos" pelos dois grandes partidos nacionais que possibilitou a vitória do *outsider* Donald Trump.[12]

A relativa decadência do setor industrial na América Latina, inclusive no Brasil, teve uma boa contribuição da China. De maneira semelhante, sobretudo no Brasil, vimos também grande exuberância em nossos mercados de crédito durante o mesmo período. Não me parece forçado

---

12 Como notou o analista político Nate Silver, a surpreendente eleição de Donald Trump se deveu a uma combinação de uma menor participação de eleitores afro-americanos, fortes apoiadores de candidatos Democratas, com um maior apoio a Trump de eleitores brancos com baixa escolaridade em estados como Wisconsin, Michigan e Pensilvânia, que, nas duas últimas eleições, tinham apoiado Obama. Silver nota que a eleição se deu por uma pequena margem: ele calcula que uma mudança de 70 mil votos nesses estados a favor de Hillary Clinton teria dado a vitória à candidata do Partido Democrata. Ver *http://fivethirtyeight.com/features/the-real-story-of-2016/*.

fazer uma ligação com o que aconteceu em nossa região com a dinâmica vista em outros países mais ricos, inclusive na posterior reação política populista dos últimos anos.

E, como veremos no próximo capítulo, a opção por executar uma política monetária cujo grande efeito foi elevar os preços dos ativos financeiros piorou o hiato entre ricos e pobres, a despeito do efeito positivo marginal que essas políticas tiveram sobre a atividade econômica.

Uma pergunta interessante, talvez até um desafio à nossa narrativa, seria: por que esses movimentos antielitistas e populistas tomaram corpo somente muitos anos depois do auge da GCF, quando, de fato, a economia como um todo e os mercados de trabalho em vários países já estavam em plena recuperação?

Pessoalmente, acredito que aqui há duas dinâmicas em jogo. Primeiro, há uma literatura sociológica que defende que revoluções são mais prováveis quando um período de melhora de condições é seguido por uma reversão abrupta que frustra as expectativas.[13] Em nosso caso específico, acredito não surpreender que a "revolução" do populismo tenha começado a partir de um estado de relativa recuperação depois do período mais agudo de crise, mas quando ainda havia grande frustração tanto em relação ao período pré-crise quanto à recuperação de riqueza e renda das "elites".

A segunda razão tem a ver com o efeito maléfico que o crescimento das "redes sociais" tem tido sobre a política, incentivando a radicalização do discurso político e o surgimento de "comunidades" ou "tribos" de inimigos "virtuais".

Portanto, não me parece hoje difícil explicar por que estamos onde estamos. Também vale a pena essa contextualização para entender como passamos por dinâmicas semelhantes no Brasil.

---

13 Ver James C. Davies, "Toward a theory of revolution", American Sociological Review, vol. 27, fevereiro de 1962.

CAPÍTULO 8

Hipertrofia Monetária

- A GCF teve efeito devastador sobre a posição patrimonial – a riqueza – de empresas e famílias, especialmente as famílias mais pobres.

- Por razões políticas distintas, depois de uma breve resposta emergencial no auge da GCF, tanto os EUA como os países da zona do Euro acabaram apertando suas políticas fiscais muito antes da plena recuperação de suas economias.

- Os graves efeitos da GCF e o aperto fiscal precoce levaram a um ativismo compensatório e heterodoxo por parte das autoridades monetárias desses países.

- Infelizmente, muitas dessas políticas, como a compra de ativos conhecidos como QE, ajudaram quem menos precisava: famílias de alta renda. A já ruim concentração de renda piora ainda mais.

Vivemos na sombra da Grande Crise Financeira, a GCF. Nos meses em que estava no seu auge, muitos temiam por uma nova Grande Depressão. Mas, em grande parte devido à rápida e agressiva ação das autoridades americanas no lado monetário e dos chineses no lado fiscal/creditício, isso não aconteceu. Mas, ainda assim, em algumas economias (mas não a chinesa, o que acabou sendo vital para a economia brasileira naqueles anos) tivemos Grandes Recessões.

Por mais violentas que essas recessões tenham sido, o mundo em 2010 já parecia ter superado a combinação de crises financeiras, econômicas e bancárias, crescendo 5,2%. Em 2009, o FMI previa para 2010 um crescimento menor, de 3,1%, com uma continuidade do processo de normalização e recuperação (por exemplo, para 2014 o crescimento previsto voltaria a ser de 4,5%).[1] Mas o que veio depois não foi essa esperada volta à normalidade.

A Europa, especificamente, sofreu uma segunda crise, fruto de seus próprios desequilíbrios. Mas até nos EUA, onde por qualquer métrica o processo de recuperação do momento Lehman foi um sucesso, o que se viu foi uma economia com uma combinação de "baixos" crescimento, inflação e juros.

A *razão disso, a reposta dada e suas consequências* é a história da economia global nos anos pós-GCF, e não é uma história que acabou. Abordaremos esses três pontos em sequência, enfatizando alguns dos temas que me parecem os mais importantes nesse debate. Nosso tratamento será necessariamente esquemático e parcial, já que ainda é difícil chegar a conclusões, em função da natureza complexa e recente desses eventos. Ainda assim, completará o arcabouço externo necessário para em seguida discutir o período do governo Dilma, o breve governo Temer e os desafios que o Brasil terá que enfrentar.

---

1   IMF, *World Economic Outlook*, outubro de 2009, p.169.

Sequelas

Um modelo econômico "canônico" faz uma separação entre fatores cíclicos e seculares. A economia é vista como duas naturezas que pouco se relacionam.

De um lado, temos o crescimento do potencial econômico — o que a economia poderia produzir se todos os fatores de produção disponíveis fossem utilizados. Ha três fatores: investimentos no estoque de capital; a contribuição da mão de obra (incluindo a do "capital humano"); e a produtividade desses fatores (como eles "se superam" por meio de acréscimos de produtividade em função, sobretudo, de novas tecnologias que tornam a combinação de capital e trabalho mais produtiva).

Do outro lado, temos os movimentos cíclicos da economia, fruto de vários "choques" (inclusive mudanças da política econômica que podem ser vistas como "choques" por serem, em parte, imprevisíveis) agindo principalmente sobre elementos da demanda agregada. A influência desses choques pode determinar se a economia está operando acima ou abaixo do seu potencial. Fora casos anômalos, há forças concêntricas sempre levando a economia de volta a seu potencial (as políticas monetária e fiscal são vistas como trabalhando para isso). Oscilações cíclicas têm pouca ou nenhuma influência sobre o potencial da economia.

Com uma aproximação desse modelo, esse conjunto de conceitos funciona bem. De fato, para processos recessivos "normais", é difícil comprovar empiricamente qualquer impacto sobre o crescimento potencial. Assim, podemos separar os estudos acerca do ciclo econômico, causado por variações da demanda agregada, dos estudos a respeito do crescimento potencial, definido pelos determinantes da oferta agregada.

Mas a combinação da GCF com as Grandes Recessões que a seguiram foram tudo menos "normais" e corriqueiras. Elas deixaram sequelas que se mostram não somente de difícil recuperação, mas que, em alguns casos, também são processos que se sustentam no tempo, o que sugere mudanças permanentes na economia. Há tipos de choques cíclicos que podem causar danos irreparáveis no tecido econômico, causando *hysteresis*[2] na economia.

No final do último capítulo, discutimos um desses fatores: como na GCF a destruição "assimétrica" de riqueza entre classes sociais contribuiu para a Grande Recessão. Discutiremos outras possíveis causas que fazem da GCF não uma parte da história recente, mas uma parte importante de nossa realidade atual.

Recessão de Balanços

Uma hipótese apresentada para explicar o mau comportamento da economia japonesa após a implosão da bolha especulativa no final dos anos 1980 foi a de *balance sheet recession,* popularizada pelo economista Richard Koo, que descreveu desta forma a situação de empresas japonesas nos anos 1990:

> *Para boa parte desse período, o Japão ostentou o maior superávit comercial do mundo — o que implica que consumidores ao redor do mundo ainda queriam comprar produtos japoneses. Em outras palavras, operacionalmente — isto é, desenvolvendo e vendendo produtos e tecnologias —, as empresas ainda eram sadias. O fluxo de caixa estava robusto e as empresas estavam gerando lucros anuais. Ainda assim, muitas delas tinham um patrimônio líquido negativo por causa do buraco enorme deixado em seus balanços pela queda vertiginosa dos preços dos ativos domésticos (...) Gerentes de empresas sadias e com fluxo de caixa positivo, mas balanços esgarçados, responderão da mesma maneira: usando o fluxo de caixa para pagar dívidas o mais rápido possível.*[3]

---

[2] Termo emprestado das ciências exatas que indica uma condição na qual o estado de um sistema depende do seu passado.

[3] Richard Koo, *The Holy Grail of Macroeconomics: Lessons from Japan's Great Recession,* Wiley & Sons, 2009, p.15. Tradução do autor. Ver também, do mesmo autor, *Balance Sheet Recession: Japan's Struggle with Uncharted Economics and its Global Implications,* John Wiley & Sons, 2003.

A causa principal desse fenômeno é uma velha conhecida: a destruição de riqueza que desvaloriza os ativos mas faz pouco para diminuir o valor dos passivos. Lembrando que o Japão sofreu uma das maiores bolhas especulativas na sua bolsa e em seu mercado imobiliário nos anos 1980, Koo estima que o colapso dessas bolhas destruiu ¥1,500 trilhão de riqueza, ou cerca de três vezes o PIB japonês.

Sendo assim, a economia deveria ter entrado em uma "espiral desinflacionária", uma depressão. A única razão pela qual isso não aconteceu foi porque o aumento da poupança do setor corporativo foi compensado por uma queda de poupança das famílias e, principalmente, do governo, que assumiu uma posição fiscal deficitária estrutural que levou dívida e PIB japoneses a níveis antes inimagináveis. Isso permitiu que, apesar da destruição de riqueza, o PIB nominal não tenha sofrido drástica queda (e em termos reais e per capita, a deflação e a queda da população têm garantido ganhos reais de renda per capita). Koo aprova o fato de o Japão ter adotado uma política fiscal expansionista, e critica países desenvolvidos por não terem feito o mesmo depois da GCF. Para Koo, uma política fiscal expansionista tem que durar até que o setor privado tenha restruturado suas posições patrimoniais.

Os argumentos de Koo são bastante relevantes para o caso Japonês, mas devemos ter cuidado com uma rápida generalização para outros países (como Koo tenta em seu livro de 2009).

Uma pergunta óbvia seria: por que as empresas japonesas têm demorado tanto para "limpar" seus balanços? Afinal, as bolhas estouraram quase trinta anos atrás. Algo mais tem que estar acontecendo.

O uso agressivo da política fiscal no auge de uma crise está correto, e Koo está certo em criticar outros países desenvolvidos por não terem feito isso após a GCF (como veremos adiante), mas uma postura fiscal expansionista durante décadas é um luxo que poucos países podem se dar.

Mas, independentemente dessas críticas, a importância de pensar acerca da posição patrimonial de empresas, o que não é feito nos modelos macroeconômicos "canônicos", que enfatizam fluxos e não estoques, é algo importante e necessário. *A precificação dos ativos e passivos que compõem a posição patrimonial de empresas e consumidores é o principal canal do efeito riqueza sobre a atividade econômica.*

Bolhas e Crises

Alguns livros, como a *Teoria Geral de Keynes*, são publicados depois de eventos econômicos, que são entendidos e significados pela obra. Há, ocasionalmente, um livro que é publicado durante os eventos.

Esse é o caso de *This Time is Different*, de Carmen Reinhart e Kenneth Rogoff, publicado em 2009, durante a GCF. Baseado em um exaustivo estudo empírico de crises financeiras, suas causas e consequências, os dois economistas mostraram a infeliz regularidade com a qual sistemas financeiros geram ciclos de expansão, excesso de otimismo, crises e recessões.

No capítulo 14 do livro eles olham para as regularidades empíricas nas economias desenvolvidas depois de sofrerem crises financeiras e bancárias.

Após as crises financeiras, os preços dos imóveis continuam a cair por cinco a seis anos. Os preços das ações caem, em média, 56% durante quase três anos e meio.[4] O desemprego sobe durante cinco anos, apesar de a recessão — aqui definida como quando o PIB chega a seu ponto mínimo — durar somente dois.

Uma grande vítima de crises financeiras é a posição fiscal. A mudança da posição fiscal em 13 países no ano antes da crise até seu ponto máximo foi, na média, de 6,9% do PIB. O impacto sobre o endividamento real foi de 86% três anos após crise.

O que os dados mostram são que os efeitos de crises financeiras na economia são longos e profundos — não há "recuperações em V".

---

4 Carmen M. Reinhart, Kenneth S. Rogoff, *This Time is Different: Eight Centuries of Financial Folly*, Princeton University Press, 2009, p.226.

Políticas Fiscais Inadequadas e Pró-cíclicas

Uma das peculiaridades bastante negativas da reação pós-GCF nos EUA e na zona do Euro foram os precoces apertos da postura fiscal. Por razões diferentes, mas eminentemente políticas, as duas maiores zonas econômicas do mundo apertaram suas posições fiscais antes de consolidar a recuperação. Podemos constatar isso vendo diferentes métricas calculadas pelo FMI.[5]

No caso americano, a posição primária do governo federal virou de um déficit de 11,2% do PIB em 2009 — o auge da crise — para 5,7% em 2012 e 2,4% em 2013. Ajustando a posição pelo efeito do crescimento econômico sobre a posição fiscal (isto é, ajustando o cálculo pelo hiato do produto), vemos um déficit de 7,6% em 2010 — o ponto máximo durante a crise — cair para 4,2% em 2012 e 2,4% em 2013. Essa rápida queda do déficit durante um período tão curto gerou forças contracionistas — um "impulso fiscal negativo" — na economia americana.

Por que esse aperto fiscal precoce? No caso americano, a perda do Congresso pelo partido Democrata de Obama para a oposição Republicana em 2010 levou a um estado de imobilismo na questão fiscal, com os Republicanos argumentando que os déficits da época eram insustentáveis e levariam a uma nova crise. Foi isso que impediu a renovação das medidas fiscais adotadas no início do governo Obama, quando os Democratas controlavam tanto o Congresso como o Senado (a posição Republicana foi rapidamente revista quando surgiu a oportunidade de promover grandes cortes de impostos no governo Trump em 2017).

Na zona do Euro, as coisas foram até mais extremas. Lembrando que a GCF foi inicialmente um fenômeno americano, a posição fiscal da zona caiu para um déficit de 3,8% em 2009, diminuindo para 1,6% em 2011 e 1,0% em 2012. Olhando para os dados ajustados pelo ciclo econômico, vemos uma posição deficitária de 2,6% em 2010, com 0% em 2011 e uma posição superavitária de 1,1% em 2012, apesar de a crise econômica europeia ter ganhado fôlego em 2011.

---

5 IMF, Methodological and Statistical Appendix, *Fiscal Monitor*, outubro de 2017.

O caso europeu é mais complexo do que uma troca de comando parlamentar mudando o equilíbrio político entre partidos, como aconteceu nos EUA. Ela tem a ver com as deficiências estruturais do projeto europeu como um todo, e do Euro como zona monetária em particular.

O projeto de uma moeda única nasce no final dos anos 1980, depois de um grande período de instabilidade monetária dentro do bloco e da falha de vários mecanismos para fixar paridades entre as moedas dos vários países. Mas o grande evento que finalmente impulsionou a unificação monetária foi a queda do muro de Berlin em 1989 e a reunificação das duas Alemanhas. Como precondição para não se opor à reunificação, o então presidente francês François Mitterrand impôs a necessidade de a Alemanha abandonar sua moeda, o *deutsch mark*, na tentativa de impedir a dominância econômica da Europa por uma Alemanha reunificada.[6]

Mas, ironicamente, aconteceu exatamente o que Mitterrand tanto temia. A eventual introdução do Euro deu à já competitiva Alemanha um câmbio real mais fraco do que ela tinha com o *deustsch mark*. Isso "turbinou" ainda mais sua competitividade externa, fortalecendo sua economia e seu setor industrial, que acabou dominando o continente europeu. Essa dominância implícita ficou evidente durante a crise do Euro, iniciada em 2011.

O fato de o projeto de unificação monetária ter sido incompleto contribuiu para a crise na zona do Euro. Esses mesmos fatores foram explorados politicamente depois do início da crise, levando a uma postura fiscal muito mais contracionista do que seria adequado, dada a recessão que se abatia sobre a Europa.

O projeto europeu de unificação monetária foi incompleto em duas dimensões cruciais: não obteve suficientes integração fiscal e regulação bancária.

A falta de uma regulação bancária comum contribuiu para uma excessiva expansão do crédito e das bolhas imobiliárias em economias do sul

---

[6] Ver Jens Nordvig, *The Fall of the Euro: Reinventing the Eurozone and the Future of Global Investing*, McGraw Hill, 2014, p.24-27.

da Europa após a introdução do Euro. As economias do sul, que tinham as moedas mais fracas, viram uma forte queda em suas taxas de juros com a introdução da moeda única. Houve forte fluxo de capitais do norte para o sul da Europa, gerando grandes déficits de conta corrente de um lado e superávits do outro.

Ao mesmo tempo, e pela mesma razão, houve grande acumulação de créditos do sul da Europa com credores no norte do continente. Quando as bolhas de crédito e imobiliárias estouraram devido à GCF, esse acúmulo assimétrico de passivos entre o sul e o norte do continente gerou forte desequilíbrio político e tratamento muitas vezes hostil entre países credores e devedores.

A falta de mecanismos automáticos de transferência fiscal entre países gerou muitos estresses durante a crise europeia. Os países do sul, bastante endividados, especialmente a Grécia, o epicentro da crise, foram forçados a seguir dolorosos e rápidos ajustes fiscais para receber ajuda financeira que apenas rolavam dívidas existentes (o paralelo de como os países da América Latina foram tratados por seus credores no início da crise dos anos 1980 é válido). Brutais apertos fiscais, apesar de condições recessivas, foram a estratégia europeia advogada pelos países credores, liderados pela frugal Alemanha.

O aperto fiscal precoce nos EUA e na zona do Euro certamente retardou a recuperação plena dessas economias. Há, é verdade, muitas controvérsias sobre a utilização de políticas fiscais ativas em momentos de crise financeiras que, como vimos acima no trabalho de Reinhart e Rogoff, impactam negativamente a posição fiscal.[7] Mas parece um tanto óbvio que países que detêm reservas de moeda como o dólar americano e o euro, que possuem grande demanda global por seus passivos, têm uma grande capacidade fiscal. Isso gera alto grau de liberdade para seguir políticas fiscais ativas que, lembrando Koo, serão muito mais eficientes em

---

7 Ver, por exemplo, Baldaci et al., "How effective is fiscal policy response in systemic banking crises?" IMF WP 09/160, julho de 2009; Baum et al., "Fiscal multipliers and the state of the economy", IMF WP 12/286, dezembro de 2012.

momentos de crises com forte componente de restruturação de balanços de empresas e famílias endividadas.

A Hipertrofia Monetária — QE

O precoce aperto fiscal nesses países não ficou sem resposta monetária. Nos EUA, o *Fed* já tinha, como parte de seu programa de apoio à economia durante a GCF, comprado ativos no mercado livre. Essa primeira onda de *quantitative easing*, ou QE, foi interrompida no meio de 2010 com sinais de recuperação da economia. Porém, e acredito que não tenha sido por acaso, logo depois da derrota dos Democratas nas eleições daquele ano, o *Fed* anunciou uma segunda onda de compra de ativos em novembro de 2010. Em 2012, a quantidade de ativos no balanço do *Fed* já chegava a mais de US$2 trilhões.

Ainda há muitos debates sobre a eficácia e os efeitos dessa política monetária heterodoxa. A primeira, e mais óbvia, pergunta seria: no que o QE difere de um mero financiamento e monetização do déficit fiscal? Essa seria uma acusação muito séria. Afinal, usar bancos centrais para monetizar déficits não seria coisa de países desorganizados?

Como originalmente proposto, o programa de compra de títulos teria tamanho fixo e não seria permanente: depois da recuperação da economia, haveria uma gradual "normalização" do balanço patrimonial do banco central, com a venda e/ou não renovação da posição. Segundo, as compras seriam feitas no mercado aberto, e não diretamente do Tesouro.

A questão da monetização tem dois lados. Houve, quando o programa foi lançado, muitas críticas de economistas conservadores e ligados ao partido Republicano de que o QE poderia levar a uma "explosão" da inflação pelas injeções de liquidez e do forte crescimento da base monetária. Sem dúvida a experiência de monetização de economias menos desenvolvidas (já houve muitos casos na América Latina) estava nas mentes de alguns desses críticos.

Isso claramente não aconteceu. Muito pelo contrário: apesar do QE, a inflação permaneceu bastante baixa durante vários anos (nos EUA, o núcleo da inflação chegou à meta de 2% somente em 2018).

A razão disso não deve ser uma surpresa: como já discutido, a criação de poder de compra em uma economia monetária moderna é algo que ocorre de forma endógena, dentro do sistema financeiro e bancário. Ela é fruto de uma interação complexa entre política monetária, regulação prudencial e expectativas dos agentes. Uma base de liquidez pode ser um ingrediente necessário, mas está longe de ser suficiente. Não há um "multiplicador" automático entre a base monetária — reservas bancárias junto ao banco central — e as várias medições de dinheiro e crédito na economia.

A segunda questão — a do componente "quase-fiscal" do QE, da monetização de déficits fiscais, é bem mais importante. Uma das razões de executar o QE no mercado aberto, e não comprar títulos diretamente do Tesouro, é exatamente evitar essa suposta monetização — algo para a qual há proibições legais.

No entanto, ironicamente, talvez tivesse sido bem melhor se o *Fed* comprasse diretamente títulos do Tesouro para facilitar uma postura fiscal expansionista adequada. Comprar títulos no mercado certamente ajudou no financiamento do déficit público, mas também teve seu principal efeito sobre os mercados de ativos como um todo — isto é, muito da liquidez criada não teve um impacto direto na oferta de crédito, nem na despesa fiscal, mas sim "empurrando" investidores a comprar ativos de maior risco, como ações.

Esse seria um exemplo do *efeito riqueza* como arma da política econômica, mas um exemplo que concentra seus resultados exatamente na parcela da população que menos precisa: os atuais detentores de ativos financeiros.

Como funcionaram essas políticas monetárias heterodoxas? Em um recente trabalho resumindo os estudos a respeito desse assunto,[8] pesquisa-

---

8 Claudio Borio, Anna Zabai, "Unconventional monetary policies: a re-appraisal", BIS WP 570, julho de 2016.

dores do BIS apontam que o ponto principal dessas políticas seria explorar o fato de que o tamanho e a composição do balanço de um banco central independem da política de juros. Portanto, o banco central pode atuar nessas duas dimensões de forma independente.

Estratégias quantitativas podem focar em mudar a composição das carteiras de ativos que estão nas mãos do setor privado. Pressupondo que ativos são "substitutos imperfeitos" — o que na prática é verdade —, essa ação eleva os preços dos ativos. Atuando sobre a curva de dívida soberana, a queda das taxas ao longo da curva impacta os preços de todos os ativos financeiros da economia, já que todos os outros ativos têm seus fluxos de caixa futuro descontados, pelo menos em parte, pela taxa soberana "sem risco". Assim, o "canal de risco" da política monetária é acionado.

Existe outro canal, mas que leva essencialmente ao mesmo resultado. A compra de ativos por um banco central pode sinalizar ao mercado a intenção de deixar a taxa de juros da política monetária baixa por mais tempo, um tipo de *forward guidance*, quando um banco central tenta sinalizar o que vai ou deve fazer no futuro. Na prática, tal política deve "achatar" a curva de juros, derrubando as taxas mais longas, o que efetivamente eleva os preços dos ativos. Devemos lembrar que políticas quantitativas e *forward guindace* foram usadas em conjunto, e que ambas ajudaram a elevar os preços dos ativos no período depois da GCF.

Para o BIS, estudos empíricos sugerem que, no caso dos EUA, essas políticas podem ter gerado uma queda de cerca de 1% na taxa de juros de dez anos, um efeito significativo. Como um todo, em âmbito mundial, o impacto dessas políticas foi, nas palavras do BIS, "além das expectativas iniciais". Em 2016, em torno de US$10 trilhões de títulos soberanos ao redor do mundo estavam operando com taxas nominais negativas.[9]

Mas e o impacto econômico? Devemos reconhecer as grandes dificuldades metodológicas em isolar os efeitos dessas políticas sobre a atividade. Os pesquisadores do BIS advogam adotar uma metodologia que tenta traduzir o impacto de uma medida heterodoxa no seu equivalente efeito

---

9 Borio, Zabai (2016) p.22.

sobre a taxa de juros — gerando assim uma taxa de juros "sintética",[10] diferente da taxa de juros de fato. Os impactos econômicos são julgados a partir das oscilações nessa taxa "sintética", que, diferentemente da taxa de juros nominal, pode ficar bem abaixo de zero.

Dos dez estudos empíricos analisados, as estimativas do impacto no crescimento variam bastante para os Estados Unidos, entre um efeito acumulado de 0,58% até 3,5%, apesar de cada estudo ter suas peculiaridades. Ainda assim, na opinião dos pesquisadores do BIS, "Uma impressão comum é que, apesar do uso vigoroso dessas medidas por bancos centrais, muito além do que se imaginava antes da crise, o crescimento do produto e o aumento da inflação ficaram teimosamente abaixo de suas metas".[11]

---

10 Em inglês também conhecido como o "shadow policy rate".
11 Borio, Zabai (2016) p.24.

CAPÍTULO 9

A "Boa Crise" Brasileira

- Em um primeiro momento, o Brasil parecia ter escapado dos efeitos negativos da GCF. Mas, apesar do milagroso ano de 2010, o que na verdade estava acontecendo era o fim do ciclo de crescimento acelerado e não o começo de uma nova era de prosperidade.

- A forte reação das autoridades chinesas à crise, que ajudou países como o Brasil, escondia o fato de a GCF ter acabado com o "Modelo Xangai".

- Com a arrancada econômica de 2010, Dilma Rousseff se elegeu presidente da República. Ela começou o governo de forma ortodoxa, com aperto das contas e alta de juros pelo Banco Central, que estava sob o comando de Alexandre Tombini.

- Mas, com a eclosão da crise na zona do Euro e os primeiros sinais de queda do crescimento, o Banco Central surpreendeu o mercado com o corte a taxa Selic em agosto de 2011, marcando o início do abandono da postura ortodoxa e o nascimento da Nova Matriz Econômica.

Não há dúvida de que o Brasil teve uma "boa crise". Depois do susto inicial, um quase "fim do mundo", os países emergentes como um todo saíram muito bem da crise, em alguns casos aparentemente em melhores condições do que antes da Grande Crise Financeira, a GCF. A noção comum daquele momento em que o Brasil passou relativamente ileso à crise, devido a fatores domésticos, foi mais um exemplo da hipervalorizarão de Brasília como causa dos acontecimentos, ignorando o lugar mais importante dos fatores globais. Como veremos adiante, a reedição de medidas similares a partir de 2012, mas em um ambiente externo bem pior, levou a um retumbante fracasso.

Mas as causas mais próximas de nossa rápida recuperação da GCF tiveram fortes vertentes externas. A eficácia das medidas "contracíclicas" adotadas pelo governo, e que aparentemente fizeram toda a diferença para o Brasil ter o melhor ano de crescimento em décadas, foi pouco apreciada, tanto pelo mercado como pelo governo. Elas só funcionaram por causa do ambiente positivo de expectativas gerado pela forte recuperação externa, em especial a recuperação chinesa, que teve um importante impacto nos preços das commodities globalmente. Os efeitos positivos sobre a abundante produção de liquidez causada pelas economias centrais, o que "empurrou" os investimentos para as economias emergentes, também teve forte impacto positivo, porém efêmero e não sem custo, nessas economias.

No Brasil, passamos pelo que acabou sendo uma breve euforia coletiva, evidenciada de muitas formas. Do ponto de vista atual, parece incrível, mas essa foi uma época em que foram publicados livros especulando se o Brasil poderia ser a próxima potência econômica mundial.[1] A grande porta-voz da globalização, a inglesa *The Economist*, mostrava na sua capa o Cristo Redentor subindo ao céu como um foguete.[2] Tínhamos

---

1 Por exemplo, em Lael Brainard, Leonardo Martinez-Diaz (Ed.), *Brazil as an Economic Superpower?: Understanding Brazil's Changing Role in the Global Economy*, Brookings Institution Press, 2009, está escrito: "Se por 'potência econômica mundial' nós queremos dizer uma economia que exerce influência significativa sobre a economia global — que tenha força relevante como determinadora das regras, e não sujeita a elas —, o Brasil já está a caminho de ser uma potência", p.12. Tradução do autor.

2 "Brazil takes off", The Economist, 2 de novembro de 2009.

um empresário, Eike Batista, que dizia querer ser o homem mais rico do mundo, e muitos acreditaram.

Portanto, a euforia com um "Brasil potência", o "B dos BRICS", escondia o esgotamento do "modelo Lula", algo que ocorreu principalmente por restrições da oferta agregada. Naquela euforia não se via que a China também estava vendo seu modelo se esgotar, já que o fim dos "desequilíbrios globais" implicava o fim do modelo de *repressão ao consumo*.

O Fim de "Desequilíbrios Globais"

Para o Brasil e os outros emergentes, o processo de ajuste da economia chinesa, junto com a hipertrofia monetária dos EUA, representava um duplo e complicado processo de ajustes negativos.

O modelo vigente até a crise gerava um excedente de oferta que tinha que ser exportado — a *repressão do consumo* gerava um déficit de demanda agregada doméstica. A GCF levou a um colapso do comércio global, em muito devido ao fato de o comércio global usar intensivamente produtos financeiros, além de a intermediação financeira quase ter parado durante a GCF, ficando bem mais restrita logo após o fim da parte mais aguda da crise.

A grande novidade da última década, a "hipertrofia" da política monetária representada pela onda de ações "não ortodoxas", como o *quantitative easing*, foram as tentativas de suplementar a demanda perdida em função do desmonte do sistema global de "troca" de déficits e poupança entre países ricos e pobres, que implodiu com a GCF.

Assim, como medida emergencial, a China promoveu um dos maiores programas de investimentos da história para utilizar sua capacidade instalada, gerando demanda agregada principalmente nos mercados imobiliários e na infraestrutura. E um dos maiores insumos, tanto em investimentos de infraestrutura como em imóveis, são as matérias primas produzidas e exportadas pelo Brasil.

Na China houve forte relação positiva entre a taxa de crescimento e o saldo da conta-corrente desde 2004. Mas não houve a mesma correlação com a taxa de investimento e o crescimento. Enquanto a média do crescimento econômico entre 2002 e 2008 foi de 11%, caindo depois da GCF para uma média de 7,7% entre 2011 e 2016, o investimento em relação ao PIB foi de 40,9% entre 2002 e 2008 contra 46,4% entre 2011 e 2016. Assim, a relação produto por unidade de investimento, ou (Y/I), caiu após a GCF: investiu-se mais, porém o crescimento relativo foi menor.

Mas isso teve um custo: crescentes níveis de endividamento e crédito. A medida conhecida como "*total social financing*" (TSF), que mede de forma abrangente o crédito e a liquidez na economia, sobe de uma média de 124% em relação ao PIB chinês entre 2003 e 2008 para em média de 192% entre 2011 e 2017 — com seu valor no final de 2017 sendo de 214% do PIB.

Nenhuma economia no estágio de desenvolvimento da China jamais teve níveis de alavancagem tão altos. Portanto, muitos analistas viam nesse modelo direcionado de crescimento extensivo em uso de insumo de produção — um crescimento em "marcha forçada" — algo insustentável.

Sem alguma transição, este modelo poderia entrar em colapso pelo fato de os retornos de cada unidade de investimento — a relação (Y/I) — tenderem a cair. Já que o lado financeiro desse processo é a emissão de dívidas que precisam ser pagas, uma queda do nível de crescimento por fim torna o pagamento desses passivos cada vez mais difícil, o que, em instâncias similares, levou outros países a terem crises financeiras.

Simplificando, o que a China tem enfrentado seria uma versão do fenômeno bem conhecido de "retornos marginais decrescentes". Qualquer modelo extensivo de crescimento em que houver queda de produtividade deve gerar retornos decrescentes para cada unidade de investimentos. Normalmente, uma aceleração dos investimentos deveria levar a um aumento do crescimento. Quando há uma queda, significa que poderia estar ocorrendo desperdício de recursos, o que a escola austríaca de economia chamou de "mal investimento", uma das causas principais de recessões e depressões.

Isso se torna relevante quando há um componente grande de endividamento para financiar esses investimentos, já que, neste caso, eventuais frustrações com os retornos esperados devem recair desproporcionalmente em cima dos tomadores desses recursos e das instituições financeiras e bancárias, o que aconteceu muitas vezes após a GCF.[3] Modelos econométricos do FMI apontaram para uma taxa de sobreinvestimento ao redor de 10% do PIB.

Outro sinal preocupante é a composição setorial do crescimento dos investimentos pós-GCF. Cerca de 50% têm como destino o setor imobiliário e de infraestrutura. Enquanto investimentos em infraestrutura, se bem feitos, podem gerar externalidades que ajudam o nível de produtividade da economia como um todo, esse argumento não vale para o setor imobiliário. Imóveis não seriam tanto um investimento — isto é, um bem que gera um retorno — mas sim um bem de consumo durável (casas e apartamentos, afinal, não produzem nada).[4] Devemos também notar que muitos dos investimentos em infraestrutura durante este período pós-GCF foram feitos por governos locais usando estruturas financeiras altamente alavancadas. Estima-se que o total desse endividamento chegou a 37% do PIB em 2012.[5]

Assim, a partir da desaceleração do crescimento econômico, que ficou evidente a partir de 2011, tornou-se consensual que a China estava em uma rota insustentável.

---

3 Ver Lee et al., "Investment in China: Too much of a good thing?", em Singh et al., *China's Economy in Transition*, IMF, 2013.

4 Um "porém" nesse argumento seria o fato de crescentes níveis de urbanização terem, por si só, efeitos positivos sobre a produtividade da economia, razão pela qual, muitas vezes, surtos de crescimento são acompanhados por surtos de urbanização em países emergentes.

5 Ver Zhiwei Zhang, *China's Heavy LGFGV Burden*, Nomura Global Economic Research, 2013.

Tsunamis Monetários

Outro efeito importante desta época foi o "vazamento" do grande aumento de liquidez, devido à agressiva reação dos bancos centrais sistêmicos.[6] Na "procura por rendimentos", o *search for yield*, países emergentes como o Brasil, que tiveram suas economias positivamente impactadas pela arrancada chinesa, receberam um "tsunami" de recursos.[7] Isso acabou gerando forte apreciação das moedas desses países — foi quando o dólar chegou a R$1,60, em junho de 2011 — e incentivou a expansão do crédito em 2010, quando a economia já estava crescendo acima do seu potencial.[8]

A combinação da forte alta dos termos de troca torna o bem manufaturado importado mais barato e, portanto, mais competitivo em relação às commodities que o Brasil exporta. A apreciação cambial, devido ao forte aumento do fluxo de capitais, gerou enorme pressão sobre o setor industrial, que continuou a perder peso relativo dentro do PIB.

A Reação de Brasília

Na crise, a reação do governo foi agressiva. Nosso normal, como nos anos 1980 e 1990, seria ter que reagir em períodos de choques externos defendendo nossa frágil posição externa. Nesses casos, em resposta a um choque negativo externo, nossa reação seria a de aumentar a taxa de juros para diminuir a pressão na taxa de câmbio. Tal reação estaria na mesma direção do choque externo, aumentando seus impactos negativos sobre a atividade. Mas agora, durante a GCF, tínhamos a capacidade de

---

6 "Sistêmicos" porque suas ações têm efeito relevante na ação de investidores e nos mercados de outros países. Nessa lista se inclui, normalmente, o Fed americano, o ECB europeu e o BOJ japonês.

7 A literatura acerca desse assunto é extensa. Ver, por exemplo, Kristin Forbes, "Global economic tsunamis: Coincidence, common shocks or contagion?", palestra feita no Imperial College, Londres, 22 de setembro de 2016, Bank of England; Jamus Jerome Lim et al., "Tinker, taper, QE, Bye? The effect of quantitative easing of financial flows to developing countries", The World Bank, janeiro de 2014.

8 Sobre como ciclos globais de liquidez impactam as condições financeiras de países emergentes, apesar de adotarem regimes com câmbio flutuante e metas de inflação, ver Hélène Rey, "Dilemma not trilemma: The global financial cycle and monetary policy independence", NBER WP 21162, fevereiro de 2018.

empreender uma reação "contracíclica" — com cerca de US$200 bilhões de reservas, não tínhamos uma fragilidade externa de primeira ordem.

Ainda assim, dada a seriedade da crise, o mercado inicialmente esperava que o BC tivesse que apertar as condições monetárias, e a Selic estava projetada para subir em torno de 16%. Porém, com a rápida recuperação da economia global e uma posição externa sólida, o BC cortou a Selic, que chegou a 8,75% em julho de 2009.

Houve também uma importante reação fiscal. Em conjunto com o então recém-formado G-20, grupo das vinte maiores economias do mundo, o Brasil decidiu afrouxar a posição fiscal de um superávit primário de 4,07% do PIB em 2008 para abaixo de 1% em 2009. Aqui também começou o uso da expansão da carteira de crédito dos bancos públicos, a utilização de políticas "parafiscais" que gerariam todo tipo de problema no futuro — tanto na economia como na questão da corrupção e das "pedaladas fiscais".

Tentativas, como as feitas no Brasil depois da GCF, de incentivar o endividamento de empresas e consumidores podem ser justificadas como um expediente emergencial, mas que, se prolongadas, podem levar a uma condição de sobre-endividamento, o que tornou a posição financeira de empresas e famílias muito mais frágeis e piorou bastante o ajuste recessivo, como descobrimos quando veio a nossa Grande Recessão em 2014.

Elegendo Dilma

A eleição de Dilma Rousseff não poderia ter acontecido em um ambiente econômico mais propício. A recessão de 2009 foi realmente uma "marolinha", com uma modesta queda de 0,3% no PIB. Não havia muitas dúvidas de que 2010 seria um ano excelente.

Com todo esse estímulo, o mercado achava que 2010 — ano da eleição — seria de ajustes para evitar um aquecimento excessivo, e em parte isso foi verdade. A taxa Selic fechou 2010 em 10,75%, ainda assim abaixo da previsão de muitos analistas. Com isso, a economia em 2010 teve seu "ano milagroso", crescendo 7,5% e ajudando na eleição da primeira mulher à presidência da república.

Um ambiente externo extremamente favorável, devido em grande parte à reação Chinesa à GCF e à agressiva reação dos bancos centrais para reanimar os mercados, permitiu que o conjunto de medidas passasse diretamente à demanda e ao crescimento econômico. Basta perceber que, entre 2008 e 2010, a Bovespa precificada em dólares subiu cerca de 235%.

O que se poderia esperar de Dilma na presidência, dadas as grandes diferenças de estilo em relação a seu antecessor e padrinho político?

Eu mesmo escrevi duas análises em 2010 tentando "desvendar" o mistério Dilma.[9] Argumentei que ela tinha a necessidade política de "fugir" da sombra de seu padrinho e se impor como líder, o que implicaria mudanças na política econômica. Assim, previ que ela seria "audaciosa e decisiva" no início do mandato, o que acarretaria, entre outras coisas, maior coordenação entre políticas macroeconômicas. Eu imaginava uma política fiscal mais rigorosa, em troca de uma política monetária mais frouxa. Isso, infelizmente feito da forma errada, de fato aconteceu no início de seu primeiro mandato.

Naquela época, eu também já havia argumentado que um provável "modelo" para a política econômica do governo Dilma seria a China.[10] Em um relatório escrito em novembro de 2010, eu imaginava que o fortalecimento da posição do BNDES no financiamento da economia seria algo que se tornaria permanente, e não apenas uma medida emergencial. O que de fato aconteceu.

Eu também via na política cambial da época uma inspiração chinesa, mas com maiores controles sobre o fluxo de capitais, inclusive taxas diferenciadas para "escolher" que tipo de investimento deveria entrar no país.

---

9   Tony Volpon, "Brazil: Dilma's first '100 days'", Economic Research, Nomura Securities International, 25 de agosto de 2010.
10 Tony Volpon, "Brazil: What will Dilma do? Look to China", Economic Research, Nomura Securities International, 23 de novembro de 2010.

Confesso que, naquela época, não critiquei as primeiras medidas adotadas pelo novo governo. Estava influenciado pelo *zeitgeist* intervencionista do momento pós-GCF, e ainda não tínhamos visto os extremos de intervenção na economia que só começariam em 2012.

Mas o que vimos foi uma mudança muito mais profunda da gestão econômica, em um momento no qual o que havia recentemente funcionado não funcionaria mais.

PRESIDENTE ROUSSEFF

Se há um exemplo do "ciclo político-econômico", vimos isso na passagem do governo Lula para o governo Dilma.

Depois de evidenciar uma relativamente pequena queda do PIB em 2009, que chegou ao seu ponto máximo de -2,4% no primeiro trimestre daquele ano na base ano/ano, já tínhamos crescimento de 5,3% no final de 2009, com um estupendo ritmo de 9,2% no início de 2010.

Apesar disso, a retirada das medidas de estímulos foi muito lenta. Na política fiscal, o superávit primário médio entre 2007 e 2008 foi de 3,5% do PIB. Em 2010, apesar de ser o ano de maior crescimento em décadas, a média do superávit fiscal na base mensal em 2010 foi de somente 2,2%, fechando em 2,6%. Na política monetária, a Selic tinha caído para 8,75% no auge da crise, e em 2010 subiu para apenas 10,75%, bem abaixo das estimativas do mercado. Olhando de fora, parecia ter havido uma decisão consciente de hiperestimular a economia.

Garantida a eleição em 2010, começou o ciclo de ajuste em 2011. De imediato, o Banco Central, comandado por Alexandre Tombini na época, aumentou a Selic para 11,25% na primeira reunião do ano,[11] e depois a elevou para 12,50%. Houve também relevante aperto fiscal, com o

---

11 No Relatório de Inflação de dezembro de 2010, o Banco Central escreveu: "*O Copom avalia que o balanço de riscos associado ao cenário prospectivo para a inflação evoluiu desfavoravelmente desde a divulgação do último relatório (...) Desvios em relação à meta, na magnitude dos implícitos nessas projeções, sugerem necessidade de implementação, no curto prazo, de ajuste na taxa básica de juros.*"

superávit primário batendo 3,6% do PIB em julho de 2011. Em março de 2011, com o processo de aperto já em curso, o mercado, ainda assim, previa um crescimento robusto de 4% para o ano.

Então, é inegável, apesar de tudo que aconteceu depois, que o início do governo Dilma foi, do ponto de vista macroeconômico, bastante conservador e ortodoxo. A pergunta é: o que aconteceu?

A Crise Europeia e O "Pacto"

O que gerou a mudança de rumo em 2011, de um ajuste que começou ortodoxo para aquilo que seria batizado de "Nova Matriz Econômica"?

Atualmente, é comum esquecer o início ortodoxo do governo Dilma, ou olhar para as medidas "contracíclicas" adotadas durante a GCF, e fazer uma ligação direta entre essas e a Nova Matriz, esquecendo o ajuste inicial feito em 2011.

Essa mudança de rumo não veio do nada: houve um grande choque que causou o abandono do momento ortodoxo inicial do governo Dilma: a eclosão da crise soberana europeia em junho de 2011.

O fato de essa crise não ter desencadeado um grande efeito global, uma "segunda" GCF, torna-a um pouco esquecida na narrativa sobre o que aconteceu no Brasil. Mas, "em tempo real", havia fortes indícios de que o mundo poderia viver algo como a GCF. Basta lembrar que o índice VIX — um índice de volatilidade das bolsas americanas, que é visto como um índice geral de risco financeiro sistêmico, e chamado de "o termômetro do medo"— subiu de aproximadamente 15% no início de julho 2011 para quase 50% em agosto, ficando nesses níveis durante um mês até voltar a cair.

A ligação da crise europeia com a reviravolta da política econômica brasileira pode ser percebida naquilo que foi o sinal mais claro de que algo importante mudou: o surpreendente corte de juros promovido pelo Banco Central em agosto de 2011.

A mudança de postura ainda não tinha ocorrido quando o Banco Central escreveu seu Relatório de Inflação de junho, antes da crise europeia, com o IPCA rodando acima da meta, em 6,7% ao ano:

> Considerando o balanço de riscos para a inflação, o ritmo incerto de moderação da atividade doméstica, bem como a complexidade que envolve o ambiente internacional, o Copom entende que a implementação de ajustes das condições monetárias por um período suficientemente prolongado continua sendo a estratégia mais adequada para garantir a convergência da inflação para a meta em 2012.

O Banco Central indica assim a intenção de continuar o aperto das condições monetárias. Mas aí tudo mudou com a reunião de agosto. Em um comunicado muito maior do que o usual, o Copom justificou sua surpreendente decisão de cortar a taxa Selic:

> Reavaliando o cenário internacional, o Copom considera que houve substancial deterioração, consubstanciada, por exemplo, em reduções generalizadas e de grande magnitude nas projeções de crescimento para os principais blocos econômicos. O comitê entende que aumentaram as chances de que as restrições, às quais hoje estão expostas diversas economias maduras, se prolonguem por um período de tempo maior do que o antecipado (...) O comitê entende que a complexidade que cerca o ambiente internacional contribuirá para intensificar e acelerar o processo em curso de moderação da atividade doméstica (...) Dessa forma, no horizonte relevante, o balanço de riscos para a inflação se torna mais favorável.

O anúncio feito pelo então ministro da Fazenda, Guido Mantega, de que haveria um ajuste fiscal adicional de R$10 bilhões, elevando a meta do superávit primário de 2011 para R$91 bilhões, ajudou o Copom a tomar essa decisão. Essa combinação de medidas em período de desaceleração da atividade, um afrouxo monetário com aperto fiscal, era inusitado para o Brasil. Esse "pacto" levou a sempre bem informada colunista Claudia Safatle a escrever:

> *Em uníssono, os mais graduados assessores do governo sustentam que não houve abandono da meta de inflação de 4,5% para 2012. "Dizem que Tombini foi pressionado pela presidente a reduzir os juros. Acho que foi o contrário: ele pressionou o governo a fazer um ajuste fiscal de bom tamanho. Agora estamos entrelaçados", observou uma fonte qualificada do Palácio do Planalto (...) O caminho está escolhido – reforço da política fiscal (...) e afrouxamento dos juros.*[12]

Assim, a primeira reação do governo Dilma não foi a de "apertar todos os botões" para expandir a demanda, mas sim um *mix* bastante ortodoxo de aperto fiscal com afrouxamento monetário.

Esses movimentos sustentaram muitas dúvidas por parte do mercado. Eu mesmo, naquele momento,[13] argumentei que a decisão era uma mudança de regime da gestão macroeconômica, em que o clássico "tripé" de meta de inflação, meta de superávit fiscal e câmbio flutuante seria abandonado para uma nova gestão, com a adoção de (1) uma meta de crescimento mirando uma taxa mínima de pelo menos 3%; (2) uma meta de inflação mirando uma taxa máxima de 6,5%; (3) uma tentativa de segurar a taxa de câmbio acima de R$1,55. Seria um sistema bem mais complexo do que o clássico "tripé", já que haveria múltiplas escolhas entre níveis dos instrumentos da política econômica e essas várias metas de resultado. Naquele momento, eu estava bastante cético sobre as perspectivas de isso funcionar adequadamente, apesar da promessa de continuidade do esforço fiscal.

Com essa primeira inflexão da política econômica, o que fez com que acabássemos desaguando na bem pior NME?

---

12 Claudia Safatle, "O BC está seguro, o mercado não", Valor Econômico, 2 de setembro de 2011.
13 Tony Volpon, "Brazil: abandoning the 'tripod'?", Country Views, Emerging Market research, Nomura Securities International, 25 de agosto de 2011.

DE NOVO, CHINA

Enquanto a causa de primeira ordem para a reviravolta de agosto de 2011 foi a crise europeia, a verdade é que, do ponto de vista dos mercados globais, ela teve uma duração curta e em poucos meses foi "esquecida". Não chegou a ter nada próximo do efeito sistêmico da crise que foi a GCF. O VIX, o "termômetro do medo", basicamente voltou ao normal poucos meses depois.

Para o governo Dilma, isso deveria ter sido uma excelente notícia. Com a inflexão de agosto, deveríamos ter tido uma continuidade do processo gradual de ajuste com um crescimento ainda robusto.

Mas não foi isso que aconteceu. O crescimento econômico, que no primeiro trimestre de 2011 chegou a uma taxa anual de 5,2%, e que o mercado esperava para o fechamento do ano ser ao redor de 4%, caiu para 2,6% no terceiro trimestre. Enquanto isso, a inflação, que tinha começado o ano em 6%, fechava em uma alta de 6,5%.

Algo não estava funcionando na economia. De novo, temos que olhar para a China.

CAPÍTULO 10

Nova Matriz Econômica

- Depois da euforia pós-GCF, o governo Dilma adotou um diagnóstico errôneo ao ver a queda de dinamismo da economia como um problema de demanda, quando, na verdade, a questão era de potencial de crescimento, ou do lado da oferta agregada.

- A Nova Matriz Econômica (NME) agravou o problema, já que muitas das intervenções feitas desorganizaram o já fraco lado da oferta da economia e destruíram riqueza.

- Com um custo crescente de desequilíbrios fiscais, monetários e externos, a NME garantiu uma pequena reação de crescimento e uma taxa de inflação artificialmente baixa, devido à repressão tarifária, até a eleição de 2014.

O desapontamento com o crescimento ficou mais evidente ao longo de 2011, apesar dos cortes de juros promovidos pelo Banco Central.[1] A estratégia de afrouxo monetário com retidão fiscal não parecia estar funcionando — apesar de não ter como funcionar tão rapidamente, ainda mais com o bem conhecido fato de que toda ação monetária demora para impactar a economia real.

Essa frustração levou o governo a executar uma grande gama de medidas ao longo de 2012, que posteriormente seriam batizadas de "Nova Matriz Econômica" em um relatório do ministério da Fazenda.

Acredito haver duas causas principais para o início de um longo período de frustração econômica que levou o governo Dilma a dotar a equivocada NME e nos levou à "Grande Recessão" de 2014-2016. O primeiro foi a queda gradual do dinamismo econômico chinês. O segundo foi um diagnóstico essencialmente equivocado sobre a razão pela qual a economia brasileira estava enfrentando um aparente limite ao seu crescimento.

O primeiro vetor foi externo: em 2011 começou a desaceleração da economia chinesa, de um patamar de crescimento de cerca de 10% para os atuais 6%. Entre 2010 e 2012, a desaceleração foi de 10,6% para 7,9%. Essa extensão da desaceleração chinesa não era esperada: em abril de 2011, o FMI previa um crescimento de 9,5% para a China em 2012.[2]

Agora, qualquer mudança na China gera fortes impactos globais. Como no caso do Brasil, por exemplo, quando o índice de commodities CRB atingiu seu ponto máximo em abril de 2011, mas depois caiu mais de 25% até o final do mesmo ano. O processo de queda continuou até fevereiro de 2016 (coincidindo com o impeachment da presidente Dilma), com uma queda acumulada de quase 60%. Pelos mesmos *efeitos riqueza* que

---

1 "Com praticamente zero de crescimento no terceiro trimestre (...) o ministério da Fazenda está determinado a levá-lo a 4%, quiçá 5% em 2012 (...) A presidente Dilma (...) não aceitaria apresentar como resultado no primeiro ano de mandato a redução do PIB de 7,5% (crescimento de 2010) para 3% e, no segundo ano, uma taxa medíocre. Foi com esse objetivo que o ministro da Fazenda, Guido Mantega, divulgou ontem uma série de medidas de estímulo". Ver Claudia Safatle, "Tudo pelo crescimento no próximo ano", Valor Econômico, 2 de dezembro de 2011.

2 IMF, *World Economic Outlook*, abril de 2011, p.73.

foram tão importantes durante o período lulista, começava um período de ajustes negativos na economia chinesa que, de forma cumulativa, criariam forças de contração sobre a economia brasileira durante a gestão de Dilma Rousseff.

Por acaso, e sem saber naquele momento que a desaceleração chinesa em curso teria a extensão e profundidade que teve, escrevi um relatório[3] comentando a crescente dependência da economia Brasileia em relação à economia chinesa. Apesar de serem duas economias emergentes, o relatório apontava evidências de que se tratava de uma relação do tipo "norte-sul", na qual o Brasil exportava commodities e importava bens de capitais e outros manufaturados da China. Finalizei o relatório dizendo que "para o bem ou para o mal, o futuro da economia brasileira vai depender cada vez mais de decisões tomadas em Beijing".

Mas não houve um "crash" chinês. O processo de desaceleração foi relativamente bem ordenado até a crise da desvalorização do RMB em 2015. Assim, apesar de ter representado um "vento de poupa" negativo contra a economia brasileira todo esse tempo, seria forçoso alegar que grande parte da culpa pela desaceleração da economia brasileira entre 2010 e 2012 tenha sido da desaceleração chinesa. E, neste período, o Brasil ainda gozava de fortes entradas de capitais estrangeiros, movimento que só se inverteria em 2013 com o "taper tantrum".[4] Algo mais era preciso — e esse algo mais explicaria boa parte do fracasso da NME.

---

3   Tony Volpon, "Brazil: Comparatively disadvantaged", EM Special Topic, Nomura Securities International, 26 de agosto de 2011.

4   De fato isso é parcialmente verdade. Usando dados do International Financial Institute, vemos uma queda de 38% no fluxo de entrada de capitais entre 2011 e 2012, com uma queda adicional de 29% em 2013. Enquanto em 2013 tivemos um fator externo óbvio para explicar a queda de entrada de capitais, o comportamento em 2012 é mais difícil de explicar. Uma possível explicação seria que essa queda já refletia decepção com o nível de crescimento econômico brasileiro.

É A OFERTA!

Uma importante verdade, muitas vezes esquecida ou não devidamente frisada no debate econômico, é que o crescimento econômico seria fundamentalmente um fenômeno determinado pelo lado da oferta, e não da demanda agregada.

Há duas razões, na questão das decisões de política econômica, para esse erro que pode ser fatal. A primeira é que a determinação exata do crescimento, havendo um nível fixo de capacidade não utilizada na economia, acaba sendo uma questão da determinação do nível da demanda agregada. É exatamente por isso que a tradição macroeconômica, de raiz keynesiana, que nasceu em parte em reação à Grande Depressão, enfatiza a questão da demanda e os instrumentos de política econômica para aumentá-la.

Agora, no caso de a capacidade disponível atingir algum limite, onde há de fato uma zona de inelasticidade da oferta agregada, o que determina o nível do crescimento é essa restrição, e não a demanda agregada. Jogar mais demanda no sistema não gera mais crescimento, mas sim um efeito residual sobre a inflação e as contas externas pelo vazamento da demanda via importação.

Qual era o estado da economia brasileira em 2011? Vamos lembrar que a média de crescimento anual da economia brasileira entre 2004 e 2010 foi de 4,5%, ou 1,1% acima da média do crescimento desde 1995. Então, tínhamos um estado de crescimento acima da média nos últimos anos.

O impacto disso, e os primeiros sinais de fortes restrições do lado da oferta, poderiam ser vistos no mercado de trabalho. No final de 2011, a taxa de desemprego chegaria a 5,2%, contra uma média trimestral de 8,7% desde 2004.

Escrevi um relatório em julho de 2011 argumentando que o mercado de trabalho brasileiro estava vivenciando uma "bolha", de tão fortes que eram os níveis de contratação e aumentos salariais.[5] Apontei como evidências não somente a forte queda na taxa de desemprego desde 2004, mas a forte queda da produtividade em relação ao custo unitário do trabalho ajustado pela taxa de câmbio, que caiu 119% desde 2005.

Em outro relatório, escrito em maio de 2012, apontei o péssimo comportamento da indústria brasileira em relação ao resto da economia.[6] Expliquei que, depois de uma vigorosa recuperação da GCF, o nível da produção industrial se estabilizou entre maio de 2010 e agosto de 2011, quando começou a cair. Não parecia que a principal explicação estava na questão internacional, já que o comportamento da indústria brasileira estava bem mais fraco que a de um conjunto de países desenvolvidos e emergentes naquela época.

As evidências apontam para uma mudança de "regime" na indústria brasileira ao redor da época da GCF. Antes da GCF, vemos forte importação e produção de bens de capitais, evidenciando um bom comportamento da indústria. Durante a GCF, e logo depois, vemos um movimento em "V". Mas, após a crise, com a economia como um todo já recuperada, vemos o crescimento da produção de bens de capitais chegando perto de zero na taxa anual em 2011. Padrões iguais de comportamento, mostrando uma forte queda na dinâmica da indústria, podem ser observados olhando dados de produtividade, emprego e crédito.

O que causou isso? É verdade que todo este período viu uma apreciação significativa da taxa de câmbio, porém de forma mais acentuada antes da GCF do que depois. Assim, a apreciação cambial pode ter sido uma razão por trás do mau comportamento da indústria depois da GCF, mas não deve ser a principal.

No entanto, outro importante componente do custo industrial subiu fortemente após a crise: o preço unitário do trabalho. A queda do de-

---

[5] Tony Volpon, "Brazil: Looking for a bubble in Brazil? You will find it in the labor market", Country Views, Nomura Securities International, 13 de julho de 2011.

[6] Tony Volpon, "Who 'killed 'Brazilian industry?", Country Views, Nomura Securities International, 9 de maio de 2012.

semprego, aliada à alta dos salários, empurrou o custo do trabalho para níveis inéditos. Entre o início da GCF e 2011, o custo do trabalho em reais subiu cerca de 40%. Portanto, comentei que o Brasil não tinha perdido a "guerra cambial", termo utilizado pelo então ministro da Fazenda, Guido Mantega, mas sim a "guerra do custo do trabalho", que estava destruindo a capacidade competitiva da indústria brasileira.

Havia outras evidências de forte restrição do lado da oferta. Com a queda contínua do desemprego, começou a se formar uma diferença estrutural entre a inflação no setor de serviços — que faz uso mais intensivo da mão de obra e não sofre muita concorrência externa —, e a inflação cheia. Olhando para a média mensal entre 2010 e 2012, vemos um IPCA de 5,7%, contra uma inflação no setor de serviços de 7,9%. O que seria outra evidência de um superaquecimento do mercado de trabalho gerando restrições de oferta agregada.

Qual era o diagnóstico que já poderia ser feito? Era verdade que havia fatores condicionando negativamente a demanda agregada, como um cenário externo adverso (apesar de não ser um cenário de crise) e os efeitos retardados dos apertos monetários e fiscais feitos após a eleição de 2010. Mas também já havia muitas evidências de fortes restrições de oferta agregada, especialmente o comportamento dos dados de custo e de inflação.

Aqui é importante distinguir os níveis das taxas de crescimento. Do lado da demanda, havia desaceleração do crescimento. *Mas isso ocorria em um ambiente onde havia vários sinais apontando para um nível de demanda agregada já acima da oferta agregada.* Assim, a queda do crescimento, junto com pressão inflacionária, era indicação clara de um problema do lado da oferta da economia.

Qual teria sido a melhor resposta da política econômica frente a esses fatos? Certamente, uma conjunção de choques de demanda e oferta tornava o problema bastante complexo, bem mais do que a reação adotada durante a GCF, quando claramente se tinha um problema de demanda. Mas o diagnóstico correto deveria ter sido a continuidade do ajuste da demanda, para torná-la compatível com a oferta, e, ao mesmo tempo, com medidas de apoio a aumento de investimentos e produtividade para elevar a capacidade produtiva. Parte disso envolveria aceitar uma taxa de desemprego maior, pois havia vários sinais de que a taxa de desemprego já tinha caído para níveis incompatíveis com a estabilidade da inflação. Assim, haveria maior igualdade entre demanda e oferta, com uma taxa maior de crescimento sustentável da oferta agregada. Teríamos visto mais crescimento com menos inflação.

Mas não foi isso que aconteceu. E assim nasceu a "Nova Matriz".

Como Descrever a NME?

Em um relatório publicado no final de 2012,[7] o ministério da Fazenda argumentava que:

> *O Brasil apresenta uma nova matriz macroeconômica, ímpar na história do país, muito promissora para o investimento, a produção e o emprego, com taxas de juros baixas, custos financeiros reduzidos para empresas e famílias, taxa de câmbio mais competitiva e sólidos resultados fiscais. Por tudo isso, o país está preparado para experimentar mais um ciclo de longo prazo de crescimento sustentável.*

Não é claro o grau de confiança da então equipe econômica de que de fato estávamos entrando em um novo ciclo de crescimento sustentável. É verdade que para o ano de 2013 houve uma aceleração do crescimento para 3%, em comparação aos 1,9% de 2012. Em 2012, a taxa de desemprego fechou abaixo de 5%, e ficaria ao redor deste patamar até o final de 2014. Parecia haver, então, algum resultado positivo das medidas de estímulo adotadas ao longo de 2012 e 2013, mas crescentes sinais de pressão sobre a inflação e a conta-corrente eram indicações de que o efeito positivo no

---

[7] Claudia Safatle, João Borges, Ribamar Oliveira, *Anatomia de um desastre: os bastidores da crise econômica que mergulhou o país na pior recessão de sua história*, Portfolio Penguin, 2016, p.93.

crescimento seria efêmero, como foi comprovado em 2014 com o início da recessão.

Como descrever as múltiplas medidas que formaram a NME? Obviamente, ela teve seu lado de aumentar a demanda, especificamente o consumo, com medidas de corte pontuais de impostos e aumento do crédito via bancos públicos. Mas grande parte da NME foi uma agenda do lado da oferta, uma tentativa de baixar os custos da indústria, um tipo de *supply side economics,* atendendo aos pedidos de vários lobbies:

> Assustada com a desaceleração da economia iniciada em 2011, e que prosseguia em 2012, a presidente da República passou a promover uma série de reuniões com um grupo de trinta empresários para ouvir sugestões que dessem impulso ao PIB.
>
> O primeiro desses encontros ocorreu no dia 22 de março de 2012, uma quinta-feira. Os empresários disseram que o custo da energia elétrica para a indústria no Brasil estava entre os maiores do mundo, que os juros e spreads bancários eram os mais elevados do planeta, que o câmbio valorizado encarecia e inviabilizava as exportações do país e que a carga tributária era insuportável. Dilma começou a agir em cada um desses pontos para destravar os investimentos, seguindo a pauta que recebeu dos interlocutores do setor privado.[8]

E devemos reconhecer que o governo Dilma de fato cumpriu vários pontos dessa agenda, atendendo aos apelos de seus interlocutores.

Então, por que a NME fracassou?

---

8 Safatle et al. (2016), p.94.

DE NOVO, O EFEITO RIQUEZA

Infelizmente, a incapacidade do governo e dos mercados em adequadamente distinguir a relação entre fatores domésticos e externos gerou nefastas consequências quando, a partir de 2011, basicamente o mesmo receituário doméstico utilizado durante o período da GCF foi aplicado em condições externas muito menos favoráveis.

Mais uma vez, vemos uma instância do princípio do *efeito riqueza*: medidas de cunho fiscal ou creditícias só terão um "efeito multiplicador" — gerando um múltiplo da renda em relação ao valor gasto ou ao crédito concedido — *se há a percepção de condições positivas em maiores níveis de riqueza*. A forte recuperação da economia chinesa gerou essa sensação de otimismo com o futuro.

Mas o contexto externo desfavorável "bloqueou" em parte o efeito multiplicador das medidas. Portanto, no caso da "Nova Matriz Econômica", a NME, e diferentemente do episódio durante a GCF, ocorreu um enorme gasto sem aumento de riqueza e do efeito multiplicador de renda, deixando um enorme buraco fiscal.

A NME teve uma série de agravantes. De maneira diferente do episódio "contracíclico" de 2009-2010, houve muito mais interferência no mercado, e diretamente no sistema de preços, como na matriz energética. Isso gerou efeitos negativos sobre a alocação eficiente de recursos, e também gerou grandes perdas patrimoniais nas empresas envolvidas — isto é, houve, em função da intervenção, *a destruição de riqueza*.

Chegando em 2011, a capacidade de produção da economia já estava muito mais ocupada do que em 2008. Uma das razões da queda de crescimento, que se iniciou em 2011, foi o fato de que a economia já estava operando acima de sua capacidade — o hiato do produto estava bastante positivo. Assim, em termos conceituais, o diagnóstico corrente, que dizia que a queda do crescimento era devida a fatores cíclicos de demanda, estava errado e parcial: a economia enfrentava um problema de oferta, e não de demanda. Adicionar mais demanda de consumo em uma economia com a capacidade já tomada vai gerar pouco crescimento, muita inflação e crescentes déficits externos. E foi exatamente esse o legado final da NME, que nos levou à Grande Recessão de 2014-2016.

Efeito Pobreza

Não vamos aqui examinar de forma crítica todas as muitas medidas que compuseram a NME — já há um bom número de livros tratando deste período.[9] E houve muitas medidas: uma das caraterísticas da NME foi a hiperatividade do governo no lançamento de medidas, programas, ações, metas etc.

A NME pecava em não reconhecer os limites, especialmente ao longo do tempo, entre consumo, investimento e poupança. Ao tentar "apertar todos os botões" ao mesmo tempo, apesar da desaceleração do crescimento em relação a expectativas exageradas e irrealistas, a NME reconhecia que a economia brasileira já enfrentava fortes limitações de oferta que, de alguma forma, seriam vencidas por mais demanda. O resultado foi o acúmulo entre 2012 e 2014 de múltiplos desequilíbrios monetários, fiscais e externos para um acréscimo pequeno e efêmero de crescimento.

Em maio de 2012 eu já fazia uma crítica à ainda não nomeada NME em um artigo de opinião publicado no Valor Econômico:[10]

> *Depois de dez anos de desempenho surpreendente, há hoje muitas dúvidas sobre as perspectivas para os próximos anos. O governo certamente não concordaria com qualquer avaliação mais pessimista, mas o recente frenesi de medidas mostra que os ocupantes de Brasília estão preocupados.*
>
> *O que podemos chamar de "modelo Lula" de crescimento chegou à sua exaustão (...) O que poderia ser um novo modelo? Acreditamos que qualquer novo paradigma de crescimento tem que mudar de forma significativa a relação investimento-consumo-poupança. Basicamente, continuamos a*

---

9   Além de Safatle et al. (2016) outra boa referência é João Villaverde, *Perigosas pedaladas: os bastidores da crise que abalou o Brasil e levou ao fim o governo Dilma Rousseff*, Geração, 2016.
10 Tony Volpon, "O fim da era Lula na economia", Valor Econômico, 3 de maio de 2012.

investir e poupar pouco e consumir muito, e há sim uma escolha a ser feita nessa relação: nem todo o consumo "puxa" investimentos e poupança. Temos que parar de confundir crédito com poupança.

A NME tentou gerar um crescimento de demanda generalizado, tanto no consumo como no investimento. Mas, dado que a economia já enfrentava restrições de oferta, o resultado final foi: nenhum acréscimo de investimento — que ficou estável em 20-21% do PIB entre 2012 e 2014 —, com um acréscimo de consumo que gerou mais inflação e déficits externos.

Desta forma, apesar de ter "entregado" muitas das reivindicações do setor privado,[11] o acréscimo de demanda jogada em cima da economia por meio da criação de poder de compra adicional — basicamente mais crédito — ligado ao consumo não incentivou uma realocação de recursos direcionados aos investimentos. No máximo, essas medidas representaram uma transferência de recursos do setor público às empresas do setor privado que — via a atividade de lobby e, eventualmente, como ficou claro, a corrupção — estavam sendo contempladas por medidas pontuais de cunho setorial. A NME trocou o déficit de todos pelo lucro de poucos.

O grande defeito da NME do primeiro mandato de Dilma se deve ao fato de que as medidas executadas, em grande parte, levaram à destruição da riqueza, um efeito riqueza "negativo", o que poderíamos chamar de um "efeito pobreza", o contrário do que ocorreu durante o período Lula.

---

[11] "O que não se admite, de forma alguma, é mexer diretamente no custo principal que gerou a atual falta de competitividade: o da mão de obra. De fato, uma maneira de entender a lógica das políticas empreendidas pelo governo é a de tentar baixar qualquer custo para a indústria exceto o da mão de obra." Ver Tony Volpon, "O ajuste necessário", Valor Econômico, 25 de abril de 2013.

Quando o Pessoal de Brasília Decide *Decidir*

Fora o não reconhecimento da realidade macroeconômica, houve vários outros agravantes de cunho microeconômico no desenho e execução da NME que causaram maiores danos à economia.

A primeira é que muitas medidas eram benefícios temporários, assim como muitos dos cortes de impostos ao consumo e ao investimento. Tais medidas, em geral, podem mudar o *timing* da decisão de consumir ou investir, sem aumentar de forma permanente o nível do crescimento. Efetivamente, você "rouba" a demanda futura puxando-a para o presente. Tais medidas também incentivaram a capacidade de alguns setores, como o superdimensionamento do setor de cargas via caminhão com empréstimos subsidiados, o que influenciou a crise do setor que levou à greve dos caminhoneiros em 2018.

O segundo e mais sério problema foi a forma extremamente discricionária da intervenção na formação de preços e custos de muitas das medidas. A interferência direta em preços, tarifas e custos gerou fortes perdas em muitas empresas, *destruindo a riqueza* em nível empresarial.

Vamos observar, por exemplo, as medidas em relação ao setor elétrico.[12] A antecipação forçada das concessões em troca de tarifas menores gerou enormes prejuízos para empresas como a Eletrobras, que, por ser controlada pela União, não tinha como recusar a antecipação. Rentável até 2012, começou a gerar prejuízos no mesmo ano. A intervenção também destruiu a capacidade de investimento das empresas afetadas — quem perde dinheiro não investe — exatamente quando a demanda por eletricidade estava aumentando e mudanças climáticas afetavam a capacidade hídrica do sistema.

Em resumo, a NME falhou por ter sido concebida com um diagnóstico errado do problema da economia brasileira, que naquele momento estava muito mais ligado ao lado da oferta da economia, e não da demanda. Ao tentar fazer tudo simultaneamente, não se reconheceu que toda a ênfase

---

12 Ver Safatle et al. (2016) p.149-159.

deveria ter sido voltada ao aumento da oferta, executando uma série de reformas para aumentar de forma *permanente* os níveis de investimentos e, o que foi tão importante, produtividade da economia. A NME foi um mal pensado retalho de medidas intervencionistas que puxaram um pouco de investimento e consumo — muitas vezes apenas "roubando" isso do futuro — em setores contemplados por razões ideológicas (a tal filosofia dos "campeões nacionais") e políticas.

A NME falhou também na sua execução: intervenções diretas na alocação de recursos e no sistema de preços que geraram grandes prejuízos em muitos setores e empresas: a destruição de riqueza. Efetivamente, fez-se durante o período da NME o oposto do que ocorreu no primeiro mandato de Lula.

Mas isso não foi tudo. Enquanto a NME pode ter tido algum impacto positivo nos resultados de 2013, ela claramente "bateu na parede" em 2014.

Fim de Festa

No segundo trimestre de 2013, o crescimento atingiu 4% ano sobre ano, demonstrando que a NME pelo menos conseguiu gerar mais um exemplo do bem conhecido "voo da galinha". Mas esse breve alento acabou rápido, e, um ano depois, o crescimento trimestral já estava negativo em 0,4%, o que marca o início da nossa Grande Recessão, que duraria até 2016.

Dada a incapacidade da NME em gerar um crescimento sustentável, sua eventual decadência ao longo de 2013 gerou crescentes desequilíbrios que já deveriam ter sido abordados por medidas corretivas. Apesar de ficar cada vez mais claro que as medidas não estavam surtindo efeito, o calendário eleitoral se impôs. Enfrentando uma incerta e difícil reeleição, não havia muitos incentivos políticos para iniciar um período de ajustes econômicos.

Com uma dura eleição à frente, especialmente após a vertiginosa queda de popularidade do governo depois dos protestos de junho, a impressão era de que haviam optado por "segurar as pontas", encobrindo de diversas formas os desajustes, com ênfase total em proteger o mercado de trabalho.

O mais conhecido exemplo disso foram as hoje famosas "pedaladas fiscais". Com crescentes gastos, e sem nenhum incremento de receita devido ao baixo crescimento, a situação fiscal se deteriorou continuamente, com o governo apelando para todo tipo de expediente para conseguir apresentar o cumprimento de suas metas fiscais. Talvez o auge da contabilidade criativa tenha sido a famosa "operação quadrangular" feita no apagar das luzes de 2012, quando operações de endividamento entre empresas estatais foram transformadas em receita primária.[13]

Apesar de as medidas fiscais serem as mais conhecidas, houve outras maneiras pelas quais o governo Dilma operou para esconder desequilíbrios crescentes, e todas envolveram o Banco Central.

A primeira foi na inflação. Enquanto o IPCA "cheio" rodava perto, mas na maioria dos meses abaixo, do topo da meta de 6,5% ao ano, isso escondia uma crescente diferença entre preços "livres", aqueles determinados pelo mercado, e os preços administrados, aqueles controlados pelo governo. No final de 2013, os preços livres fecharam em 7,3%, bem acima da meta de 6,5%, enquanto os preços administrados fecharam em 1,5%, fruto das várias distorções tarifárias impostas pelo governo. Esse crescente descompasso entre preços administrados e livres, o efeito macroeconômico das políticas de intervenção de preços e custos da NME, levaria ao necessário "tarifaço" de 2015, principal razão da escalada inflacionária daquele ano e de 2016.

Nessa questão, o Banco Central teve sua carga de culpa. Apesar de o sistema de metas ter o IPCA cheio como medida de inflação, o propositado desequilíbrio entre preços livres e administrados, no qual essa diferença não era devida a mudanças de custo, mas de decisões discricionárias do governo, apontava para um forte risco de correção futura, como acabou acontecendo. Acredito que era responsabilidade do Banco Central vocalizar esse risco e ajustar sua política monetária, mirando a queda de inflação dos preços livres para contemplar o atraso tarifário. Por que isso

---

13 Safatle et al. (2016), p.105-113.

não aconteceu no período pré-eleitoral é algo fácil de entender, mas não fácil de aceitar.

A segunda questão é um pouco menos óbvia. O período de 2013-2014 teve um crescimento discreto do déficit em conta-corrente, com valores acima de 4% de déficit corrente contra o PIB ocorrendo a partir de novembro de 2014. Parte da NME visava uma desvalorização cambial, e em 2012 isso começou a acontecer, com a taxa efetiva real de câmbio caindo quase 20% em termos anuais a partir de junho daquele ano. Mas, no próximo ano, a taxa de câmbio ficaria estável, sofrendo somente um segundo episódio de desvalorização em abril de 2013, com a ocorrência do "taper tantrum", uma forte correção nos mercados globais com a sinalização por parte do Fed de um possível fim da política de expansão do seu balanço.[14]

Em reação ao segundo ajuste cambial, o Banco Central anunciou uma política de intervenção por meio da venda de "swaps cambiais", um instrumento de derivativos que oferece um contrato a termo indexado ao valor do dólar americano.

Apesar do retorno da estabilidade nos mercados globais, o Banco Central continuou a vender esses contratos durante todo o ano de 2014, e a taxa real efetiva apreciou quase 10% em termos anuais, isso apesar de um crescente déficit em conta-corrente quando a economia já estava em recessão — o PIB do terceiro trimestre de 2014 fechou em -0,6%.

Uma combinação de crescentes déficits externos com baixo crescimento tinha sido visto pela última vez em 1998, período no qual havia uma taxa de câmbio fixa e valorizada. O retorno dessa combinação de dados era forte indicativo de que a taxa de câmbio não estava no seu nível de equilíbrio, resultado da intervenção do Banco Central.

Portanto, podemos concluir que uma das consequências da continuidade da intervenção em 2014 foi a de artificialmente valorizar a taxa de câmbio, jogando mais um ajuste — neste caso externo — para depois da

---

14 Sobre o "taper tantrum", ver meus comentários "A virada do ciclo de liquidez", Valor Econômico, 14 de junho de 2013, e "Obrigado, Bernanke", Valor Econômico, 12 de julho de 2013.

eleição. E, de fato, a desvalorização anual da taxa real efetiva passou de 35% em setembro de 2015.

Ter segurado a taxa de câmbio ajudou as importações, o que gerou incremento de consumo no curto prazo. Assim, ao ignorar um estado de repressão tarifária e da inflação, ajudando a gerar uma sobrevalorização cambial, o Banco Central gerou incrementos temporários de consumo e emprego durante o período pré-eleitoral.

Lições que Todos Já Deveriam Ter Aprendido

A América Latina em geral (o México sendo a maior exceção) tem nas commodities sua principal pauta de exportação e, ao mesmo tempo, a razão de baixos níveis de poupança doméstica. Esses dois fatores têm caminhado juntos ao longo do tempo na mesma direção. Isto é, temos visto ciclos em que níveis baixos de juros e ampla liquidez global têm coincidido com altos preços das commodities.[15]

Portanto, quando os preços das exportações da região estão em alta, a demanda desses países por capital tende a cair porque a renda das exportações aumenta de forma significativa. Ao mesmo tempo, pela farta liquidez global, o "nível de exigência" dos mercados tende a cair — eles aceitam um nível maior de risco por taxa de juros e rendimentos menores. É também verdade que altos preços das exportações tendem a acelerar o nível de crescimento da região, o que por si só aumenta a atratividade para investidores globais. Em resumo, ocorrem ao mesmo tempo vários fatores que reforçam a dinâmica positiva na mesma direção (lembrando que isso vale também na direção oposta).

---

15 Não há uma explicação única para esse fato, mas podemos apontar algumas causas. Níveis baixos de juros nos EUA tendem a baixar o nível do dólar americano nos mercados globais, e os mercados de commodities são precificados em dólar americano, gerando uma correlação negativa entre juros/dólar americano e o preço das commodities. Níveis baixos de juros também tendem a elevar os preços de ativos "reais" como as commodities. Apesar de tudo isso, devemos notar que, desde 2002, um dos principais determinantes dos preços das commodities é a demanda chinesa, o que pode atenuar a relação estreita entre o nível de liquidez global e os preços das commodities.

As lições de 2002, e de outros casos similares, são importantes para entender a relação entre política e mercados. Países com baixos níveis de poupança apelam para o endividamento, em especial nos períodos em que isso é fácil e barato.

Mas os bons tempos infelizmente sempre acabam: o continente tem uma longa história de "ciclos" de alta de exportações/alta de preços das commodities abrindo as portas ao sobre-endividamento, seguido de dolorosos ajustes.[16] Esses ciclos alimentam outro ciclo nocivo comum para a região: o do populismo político, comum em períodos em que há sobras de recursos para serem distribuídas a clientelas políticas e aos mais influentes grupos de interesse (que não são normalmente a parcela mais carente da população).

Isso vale sobretudo para as nossas esquerdas. Há, muitas vezes, falta de coerência entre o comportamento em relação a questões fiscais — a visão de que "gasto é vida" — e a crença de que a política não pode se "curvar" às demandas dos mercados financeiros. Como veremos, haverá forças que forçarão um "pragmatismo sob coação" quando não houver um comportamento adequando a situação "exógena" (basicamente o entorno externo) e o nível de fragilidade fiscal.

A lição que todos já deveriam ter aprendido é que só se ganha autonomia do mercado quando não há níveis relevantes de endividamento, o que necessariamente implica seguir uma política fiscal austera de forma

---

[16] Muitos dos erros cometidos pelo governo e o mercado na economia vêm da incapacidade de entender que movimentos positivos nos preços de exportações da região e da liquidez global sempre se revertem. Essa é uma verdade que a América Latina parece não querer aprender, e que se repete ao longo da história:

> A natureza volátil dos preços das commodities na década de 1970 deixou tanto o setor privado quanto o setor público incapazes de distinguir entre melhorias temporárias e permanentes no ambiente externo (...) Os aumentos nos preços das commodities foram amplamente interpretados como reflexo do aumento nos preços reais médios ou de longo prazo. Os países responderam a condições externas favoráveis com um enorme aumento nas importações. O setor público era tão míope quanto o setor privado. Orçamentos inchados por níveis excepcionais de impostos comerciais foram tratados como normais, e os gastos aumentaram rapidamente para eliminar o excedente.

Victor Bulmer-Thomas, *The Economic History of Latin America since Independence (3rd edition)*, Cambridge University Press, 2014, p.374. Tradução do autor.

contínua. Isso vale especialmente em tempos de abundância, em que a tentação de se endividar para acelerar o "progresso" ou lutar para reverter a virada do ciclo de commodities/crédito/liquidez fica mais aguda. Veremos que a nossa Grande Recessão de 2014-2016 foi causada exatamente pelos desequilíbrios acumulados na tentativa de executar a NME e reverter uma piora sistêmica nas condições externas, junto com as limitações naturais de um modelo econômico que focava, quase exclusivamente, o incentivo ao consumo. Neste episódio, repetimos erros que já deveríamos ter aprendido.

CAPÍTULO 11

Pragmatismo Sob Coação

- Dilma "ganhou perdendo" sua reeleição, já que o acúmulo de desequilíbrios causados pela NME e a piora do ambiente global levaram a um "estelionato eleitoral". Uma "inflexão à esquerda", como muitos achavam e temiam, seria improvável, já que os mercados levariam o governo reeleito a um "pragmatismo sob coação".

- Com o surpreendente convite para a diretoria do Banco Central começava a batalha para o controle da inflação e recuperação da credibilidade perdida durante o período da NME.

- Um Banco Central com déficit de credibilidade deve agir de forma menos discricionária, o que me levou a defender a adoção do **inflation forecast targeting** como estratégia operacional.

- Inicialmente, houve algum sucesso, com uma progressiva ancoragem das expectativas, apesar da aceleração da inflação corrente. Mas os crescentes problemas fiscais e choques externos reverteram os ganhos iniciais.

A acirrada eleição de 2014 não deu o resultado que muitos esperavam. Frente à crescente deterioração do quadro econômico, e com a forte queda de popularidade depois dos protestos de junho de 2013, eu acreditava que a presidente Dilma Rousseff teria muitos problemas para se reeleger. Isso apesar do histórico brasileiro de vitórias de presidentes que buscam a reeleição ou dos candidatos por eles apoiados.[1] Mas, mostrando eficácia e agressividade em sua campanha, e com muita ajuda de Lula, seu padrinho político, Dilma venceu.

Porém, como muitos depois disseram: Dilma "ganhou perdendo". A NME não falhou apenas na questão do crescimento, deixou também um legado de desequilíbrios monetários, externos e fiscais. Conseguindo "barrigar" a situação econômica e ganhar uma apertada eleição, já estava claro que o ano de 2015 seria de fortes ajustes econômicos, independentemente de quem ganhasse. O que ainda não estava claro era o tamanho da recessão que o país enfrentaria, uma recessão que resolveu dois dos três desequilíbrios — o monetário e o externo — mas piorou ainda mais o desequilíbrio fiscal.

Vemos, então, mais um caso de "estelionato eleitoral", porém mais agudo, já que na eleição de Lula ele tentou, antes da votação e sem muito sucesso, sinalizar ao mercado a intenção de seguir um caminho econômico não radical.

Sob essa ótica, podemos entender as principais razões pelas quais o "estelionato eleitoral" de 2003 funcionou e o de 2015 fracassou. Embora as duas eleições tenham ocorrido em ambientes internacionais hostis aos emergentes, em 2003 o fator China teve impacto progressivamente mais positivo após a eleição de Lula, enquanto no governo Dilma,[2] após o ano milagroso de 2010, o ambiente externo para países emergentes piorou de forma contínua, ficando particularmente agudo em 2015 com a surpreendente desvalorização do RMB, a moeda chinesa.

---

1 De 1989 a 2014, apenas em 2002 o candidato da oposição venceu as eleições presidenciais.
2 As eleições de 2006 e 2010, em comparação, ocorreram em ambientes bastante favoráveis a países emergentes, razão pela qual esses governos petistas não tiveram "problemas" com o mercado.

Com a vitória de Dilma, as atenções se voltaram para a questão de como seria seu segundo governo, dado o quadro de falência virtual da NME e uma economia já em recessão. Em outubro de 2014, escrevi no *Valor Econômico* sobre o "inevitável" ajuste a ser feito:[3]

> *Por ter usado todas as ferramentas à sua disposição para aumentar a demanda, via aumento de gastos; corte de tarifas e impostos; pressionando por juros menores, levando os bancos públicos a emprestarem mais (...) o governo de fato impediu um aumento cíclico na taxa de desemprego. Mas, ao mesmo tempo, criou uma série de distorções e pioras na política econômica, especialmente a fiscal, que levou à queda do crescimento potencial que vemos hoje, explicando o atual quadro de relativa estagflação.*
>
> *Podemos agora entender por que o início do processo de ajuste em 2015 se apresentou como inexorável; falta ao Brasil decidir que tipo de ajuste gostaria de ter.*
>
> *Feito de maneira correta, o ajuste pode lançar as bases para o crescimento futuro. Recusando-se a fazer isso, ele simplesmente será feito de forma mais dolorosa através do mercado, tendo uma forte desvalorização real da taxa de câmbio como instrumento de repressão da absorção interna via uma série de canais.*

Noto que isso foi publicado antes da nomeação de Joaquim Levy para o ministério da Fazenda.

No final de setembro, portanto, antes da eleição, mas quando a possibilidade de vitória de Dilma já estava se desenhando, publiquei um relatório no qual argumentei que era improvável haver uma forte inflexão à esquerda por parte de Dilma em seu segundo mandato, mas sim, devido a uma pressão do mercado, um maior "pragmatismo sob coação" por parte do governo reeleito.[4]

3　Tony Volpon, "O inevitável ajuste de 2015", Valor Econômico, 10 de outubro de 2014.
4　Ver Angela Bittencourt, "Dilma 2.0", Valor Econômico, 22 de setembro de 2014.

Não imaginava que estava defendendo nada de excepcional. A meu ver, estávamos passando por uma junção de ciclos político e econômico que guardavam semelhanças com o que ocorreu em 2003. Achava um tanto óbvio que, apesar do teor da companha eleitoral, a gravidade da situação faria um forte ajuste inevitável; faltava somente determinar se ele seria feito "na marra", e com maior custo, pelo mercado, ou de forma mais organizada, e com menor custo social, pelo governo.

Eu não sabia, mas minha tese viraria uma *cause celebre* na esquerda e para muitos jornalistas. Darei alguns exemplos dos comentários que foram feitos sobre o assunto.

Em outubro de 2014, o economista da Unicamp Pedro Paulo Bastos, escreveu, citando trechos do meu relatório:[5]

> O esforço do jornalismo econômico e do mercado financeiro para disciplinar a política econômica de Dilma Rousseff foi anunciado durante a campanha eleitoral, em um relatório escrito por Tony Volpon, analista da Nomura Securities, em 22 de setembro. Diante da perspectiva de reeleição de Dilma Rousseff, ele admitiu que o mercado financeiro agiria de modo coordenado para impor-lhe o "pragmatismo sob coação":
>
> "A visão otimista é que, uma vez que a eleição acabe, Rousseff saiba que precisa comprometer-se com os mercados e ser mais pragmática (...) Nossa visão atual é que, provavelmente, só veremos uma mudança real na política econômica em um segundo governo Dilma sob pressão substancial do mercado. O modelo para nós é exatamente o ciclo de aperto feito pelo BC em 2013, que só alcançou a extensão que teve por causa das pressões criadas pela discussão em torno do 'tapering' do Fed. Chamaríamos isso de "pragmatismo sob coação".

---

5 Pedro Paulo Zahluth Bastos, "O terceiro turno já começou. O austericídio também?", Carta Maior, 28 de outubro de 2014.

Para Bastos, isso configurava um "terrorismo econômico como recurso do poder".

Em fevereiro de 2016, quando já estava no Banco Central, Cesar Locatelli escreveu:[6]

> *Guilherme Mello brinca que elegemos uma candidata cujo lema era "Muda Mais", só que ela mudou para o lado que não esperávamos. Dilma está, timidamente, tentando fazer uma conciliação que está impossível, não somente no Brasil, mas no âmbito internacional, pondera ele. Para exemplificar, ele cita Tony Volpon, ex-diretor da Nomura Securities, que durante a eleição fez campanha contra Dilma e, após a derrota, pregava o "pragmatismo sob coação", em outras palavras, Volpon advogava que o mercado financeiro deveria coagir o governo a tomar decisões de política econômica em linha com o pragmatismo neoliberal. E é exatamente o que temos assistido desde a reeleição. Mesmo com essa postura, Tony Volpon foi premiado com a diretoria de assuntos internacionais do Banco Central do Brasil. Volpon votou pelo aumento da taxa de juros na última reunião do Comitê de Política Monetária.*
>
> *A nomeação de Tony Volpon é emblemática. Revela o constrangimento de todos que apoiamos a candidatura de Dilma. Demos assento no Banco Central a um dos líderes do "Terrorismo Econômico" que vivenciamos diariamente.*

Finalmente, em um tom bastante elogioso, Luiz Sergio Guimarães escreveu no Brasil Econômico:[7]

> *Tony Volpon, que sai da Nomura Securities para assumir a diretoria onde estava Awazu, a de Assuntos Internacionais, não pode ser considerado um "hawkish" do mesmo calibre de Araújo. Volpon, um carioca que fez carreira no exterior, conhece tudo de mercado. Ele produz análises macro sofisticadas*

---

6 Cesar Locatelli, "A economia brasileira ruma para o caos?", Jornalistas Livres, 24 de fevereiro de 2016.
7 Luiz Sérgio Guimarães, "Dilma mais forte também no BC", Brasil Econômico, 9 de fevereiro de 2015.

com a mesma desenvoltura com que desenha uma operação financeira intrincada envolvendo moedas e juros. Seus comentários, distribuídos a clientes e jornalistas de Nova York, impressionavam pela franqueza. Um estudo específico, escrito após o segundo turno das eleições, viralizou instantaneamente, despertando a ira de todas as alas dos economistas de esquerda. Foi bombardeado por todos os heterodoxos, dos pós-keynesianos aos novos-desenvolvimentistas, e passando pelos social-desenvolvimentistas. Na nota, cunhou a expressão, de imediato clássica, "pragmatismo sob coação": se a política econômica do segundo mandato não fizesse as correções necessárias defendidas pelos mercados, estes agiriam de forma incisiva e imporiam os ajustes na marra. O governo teria de ser pragmático, voluntariamente ou sob coação. Prevaleceu a primeira hipótese.

Tudo isso pode parecer nada mais do que um divertido episódio de patrulhamento político, mas acredito que é sintomático do que talvez seja a mais importante dinâmica econômica-política pela qual o Brasil e outras economias emergentes já passaram.

Pode parecer que eu estava apoiando a ingerência do mercado na questão política, mas, na verdade, acredito que isso é um sintoma de anomia institucional. Veja o que eu escrevi em 2003 sobre o que eu via como a opção "globalizante" do governo Fernando Henrique Cardoso.[8]

A lógica maior da era FHC (...) seria então a repressão de conflitos (políticos) pelo descolamento da soberania da esfera política para a esfera econômica. O poder de decidir estaria nas mãos de um mecanismo supostamente eficiente e autorregulador (...) na medida em que damos maior espaço/ poder ao econômico, ao globalizado, mais o mercado se torna irracional, ineficiente e patológico. Há uma relação íntima entre economia e política, na qual os mercados somente exercem sua função quando essas decisões ocorrem em ambientes políticos e institucionais "densos".

---

8 Tony Volpon, *A globalização e a política: de FHC a Lula*, Editora Revan, 2003, p.170.

Isso porque, enquanto pode ser uma força, incentivando necessários ajustes que farão bem à economia (e, portanto, à população), o mercado também pode ser ineficiente e até mesmo destrutivo. O mercado só "entra" como ente decisivo perante um vácuo político e institucional, e nesse momento ele pode ser tanto uma força para o bem como para o mal.

Não acredito que isso seja uma questão ideológica, mas prática. Na qual se decide desenhar uma linha limite entre política e mercado. Essa borda só será funcional se a questão fiscal não for um limite para a ação e decisão política. Assim, qualquer um que acredita na função política do Estado deve, em função dessa crença, advogar por uma política fiscal responsável, com níveis razoáveis de endividamento. É assustador que muitos não parecem entender isso, gostando do mercado quando se trata da emissão de dívidas, mas odiando-o quando essa dependência fiscal lhe dá (melhor dizendo, aos donos dessas dívidas) ingerência sobre decisões políticas.

Portanto, a opção de Dilma por nomear um "Chicago Boy" para a Fazenda com Joaquim Levy não foi surpreendente, mas uma extensão lógica dos desequilíbrios e fragilidades fiscais causados pela NME e o ambiente internacional adverso com o qual o Brasil convivia desde 2011. Como corretamente escreveu Luiz Sergio Guimarães, Dilma optou pelo pragmatismo, ela não foi de fato coagida pelo mercado a escolher Levy.

O Convite

Não fiz muita questão de esconder minha preferência pela oposição durante a eleição de 2014 — nisso os comentaristas citados acima estão certos. Via o país cair em uma situação econômica lastimável, com fortes e dolorosos ajustes prestes a acontecer. Eu acreditava que a vitória da oposição, com a nomeação de uma nova equipe econômica, ajudaria a diminuir o custo social do ajuste.

Desta forma, foi um espanto quando, no final de 2014, recebi o convite para a posição de diretor da Área Internacional do Banco Central, no lugar de Luiz Awazu. E, apesar disso ter ocorrido depois da nomeação de Joaquim Levy à Fazenda, já configurava uma inversão de atitudes por parte da presidente reeleita.

Durante meus seis anos na Nomura em Nova York, tive contatos frequentes com o Banco Central em visitas regulares a Brasília, especialmente com Awazu e o diretor Carlos Hamilton. Apesar de ter sido bastante crítico a várias decisões do Copom,[9] tentava manter uma relação cordial com os diretores do Banco Central e nunca apelei para a agressão pessoal, o que infelizmente muitos fazem em nossa era de polarização extrema. Sabia que meus contatos com investidores fora do Brasil, e a extensão global do Nomura, me permitiam trazer valiosas informações aos diretores em troca da oportunidade de ter discussões francas sobre o cenário econômico e monetário brasileiro.

Apesar de tudo isso, o convite foi uma surpresa, e até hoje não sei o teor da conversa entre Tombini e Dilma para convencê-la a concordar com a minha nomeação.

Não aceitei o convite de imediato, mas decidi fazer isso depois de ter conversado com um ex-membro do Copom. Quando externei meu medo de trabalhar para um governo petista sabendo da grave situação que teríamos que enfrentar, ele fez a seguinte colocação: "Se isso for uma experiência profissional que você gostaria de ter, aceite. Mas sempre esteja ciente que essa é uma função de Estado, e você sempre deve tentar fazer o que achar correto, até se isso acabar na sua demissão."

O Desafio Monetário

Como vimos no último capítulo, uma das consequências da NME foi um profundo desequilíbrio monetário. O Brasil vivia uma combinação perversa de recessão, inflação alta e reprimida e déficits externos e fiscais altos. As expetativas de inflação estavam desancoradas. Estava tudo errado.

---

9   Ver, por exemplo, "Banco Central cede à pressão política, diz estrategista do Nomura", Valor Econômico, 31 de agosto de 2011.

E havia o agravante de que a reeleição não trazia um "choque" de novidade que poderia animar os mercados a ajudarem a "financiar o ajuste". Uma eventual eleição de Aécio Neves provavelmente colocaria Armínio Fraga na Fazenda, alguém com excelente reputação e que gozaria de grande crédito junto ao mercado. Por mais que Joaquim Levy tenha sido uma ótima escolha, ele ainda teria que conviver dentro de um governo que tinha perdido apoio do mercado, e, no caso do Banco Central, teríamos continuidade de comando com Alexandre Tombini.

Com essa avaliação pessimista, entre a minha nomeação e o início do mandato, já afastado de minhas funções do dia a dia no Nomura, usei meu tempo para me debruçar sobre a literatura monetária na tentativa de formular o melhor caminho a ser perseguido. O resultado dessa reflexão foi um texto (no estilo de um memorando) intitulado "*Opções de política monetária em uma conjuntura de ajuste sem plena ancoragem das expectativas*". Nele, apresentei os seguintes argumentos:

1. O necessário ajuste tarifário já em curso ajudava a "descarregar" as expectativas de inflação, mas, se não houvesse um combate vigoroso à inflação corrente e a seus efeitos secundários, a dinâmica da inflação poderia piorar, com seu nível "estacionário" subindo acima da média de 5,5%-6,0% dos últimos anos;

2. O ajuste fiscal teria um impacto negativo imediato sobre a atividade, mas depois poderia se tornar um fator positivo, com a volta da confiança na posição fiscal;

3. A "desconstrução" das distorções microeconômicas impostas pela NME já estava em curso, o que, ao longo do tempo, elevaria a capacidade de resposta da oferta agregada;

4. O Banco Central sofria um "déficit de credibilidade" perante o mercado, fruto de uma tendência, na opinião do mercado, de dar demasiado peso à questão do tamanho do hiato, a custo das expectativas de inflação;

5. Havia dúvidas legítimas acerca da capacidade e vontade política de levar o ajuste adiante até surgirem seus efeitos benéficos.

Frente a essas dificuldades, minha proposta seria a de usar as projeções do Banco Central como a principal métrica de ajuste da política monetária. A regra seria, simplificando, a de aumentar a taxa Selic até que as projeções apontassem a inflação perto da meta em um prazo determinado. Apelidei isso de "*forward guidance* assimétrica com condicionalidade". Argumentei que:

1. Seria provável que as expectativas de inflação estivessem acima da meta até quando as projeções do banco apontassem para uma convergência futura à meta;

2. Neste caso, o banco poderia encerrar o processo de aperto monetário, mas anunciaria uma postura assimétrica: desvios positivos das projeções (isto é, alta das projeções de inflação) deveriam ser corrigidos de imediato ("tempestivamente"); enquanto desvios negativos (queda das projeções) só levariam à queda de juros se fosse atendida também a condição de plena ancoragem das expectativas.

Atualmente, acredito que esses preceitos foram defendidos por mim durante todo meu tempo no Banco Central, tanto no período inicial — quando tivemos algum sucesso na ancoragem das expectativas apesar da alta da inflação corrente — quanto depois, com a eclosão da crise, dúvidas sobre uma possível "dominância fiscal" e um período de dissenção por aumento de juros contra a maioria do Copom.

Inflation Forecast Targeting

Quais foram as justificativas para essa estratégia?

A primeira era a de criar uma maneira de anunciar uma regra operacional que, à medida que fosse cumprida, ajudaria a reconstruir a credibilidade da instituição. O Banco Central estava aumentando a taxa Selic desde 2013 (naquilo que seria o maior ciclo de aperto monetário da instituição), de 7,25% para, por fim, 14,25%, mas ainda assim o Banco Central não parecia gozar da confiança do mercado.

Portanto, pensei que a ênfase na questão das projeções, uma aposta na ideia de *inflation forecast targeting*, ou IFT,[10] seria uma forma de "amarrar" as decisões do Copom e diminuir a discricionariedade. Agora, vou abrir dois parênteses técnicos, a respeito da IFT e da questão da discricionariedade.

O conceito da IFT é bastante antigo na literatura monetária que surge com a adoção do sistema de metas de inflação como sistema de gestão da política monetária. A questão principal é que mudanças nos instrumentos da política monetária impactam a inflação (e a atividade) com atraso, e de forma defasada. Assim, olhar somente para a inflação presente pode levar um banco central a exagerar no aperto ou afrouxo monetário.

Uma solução seria manipular os instrumentos para que as projeções de inflação estejam na meta. Isso resolve a questão da defasagem e também aproveita o fato de que, do ponto de vista estatístico, se as projeções não tiverem nenhum viés, a melhor maneira de assegurar que a inflação fique a maior parte do tempo ao redor da meta é garantir que sua projeção (isto é, a média esperada da inflação) esteja em torno da meta.

Outro atrativo da IFT seria sua flexibilidade: definir o prazo temporal de correção dos desvios da inflação de volta ao centro da meta (inflação à meta), o que permite que um banco central leve em conta o impacto da política monetária na atividade. Desta forma, apesar de o sistema ter formalmente apenas uma meta, a de inflação, na prática o Banco Central pode levar em conta a questão do crescimento e do emprego em suas decisões, alongando o período de convergência da inflação a meta se a economia estiver muito fraca.

---

10 Há uma grande literatura acadêmica sobre *Inflation Forecast Targeting*. Uma das primeiras referências acadêmicas seria Lars Svensson, "Inflation forecast targeting: Implementing and monitoring inflation targets", European Economic Review, v.41, junho de 1997. Para uma defesa da prática, ver Michael Woodford, *Interest and Prices: Foundations of a Theory of Monetary Policy*, Princeton University Press, 2003, p.619-623. Vale também notar que o primeiro trabalho publicado pelo Banco Central em sua série de "Trabalhos para discussão", que tem Alexandre Tombini como um dos autores, defende o uso de IFT, ver Joel Bogdanski, Alexandre Tombini, Sergio Werlang, "Implementing inflation targeting in Brazil", BCB WP 1, julho de 2000, p.5.

E, finalmente, o uso das projeções pode servir para ajudar na convergência das expectativas de inflação às metas. Notem que a IFT tem como objeto as projeções do Banco Central, e não as expectativas do mercado. Mas as expectativas do mercado são uma variável importante na determinação das projeções, porque ajudam a prever a inflação futura. Porém, na prática, as expectativas apuradas são em grande parte projeções do setor privado. Divulgando e explicando suas projeções de maneira didática, o banco pode impactar as projeções/expectativas do setor privado, de forma a ajudar na convergência da inflação às metas ao longo do tempo e com menor custo à atividade e ao emprego.

Agora, enquanto a IFT serve como parte inicial de um processo decisório, modelos de projeção sempre englobam um conjunto de informações limitado, bem menor que a totalidade disponível para os gestores da política monetária. Essa seria a razão pela qual, nas decisões do Banco Central, fala-se em julgar o "balanço de risco", que normalmente engloba também informações "extra modelo".

Mas essa discricionariedade da decisão pode ser problemática para um banco central que não goza de alto índice de credibilidade. Em um trabalho clássico de 1983,[11] os economistas Robert Barro e David Gordon mostraram que tentativas por parte de um banco central de aumentar o crescimento econômico aumentando de forma inesperada o estímulo monetário falhariam. Tal política acabaria por ser prevista pelo setor privado, levando não a uma alta do crescimento, mas a uma alta da inflação. Eles sugerem a adoção de alguma regra na gestão da política monetária para resolver essa questão. Também reconhecem que, eventualmente, pela repetida interação entre o banco central e o setor privado, que uma regra pode ser substituída pelo ganho de reputação da instituição, o que geraria espaço para uma maior discricionariedade nas decisões sem gerar a desconfiança do setor privado.

---

11 Robert J. Barro, David B. Gordon, "Rules, discretion and reputation in a model of monetary policy", Journal of Monetary Economics, v.12, 1983.

Assim, eu via a adoção da "camisa de força" da IFT como um caminho possível para reconstruir a credibilidade do Banco Central. Acreditava que publicamente assumindo, e depois cumprindo, o compromisso de ser guiado pelas projeções de inflação nas decisões de juros, dando um peso especial às expectativas do mercado, seria o melhor caminho para o Banco Central.

Autonomia Relativa

É importante entender que por trás dessa estratégia havia um diagnóstico de por que o Banco Central de Alexandre Tombini tinha "perdido" sua credibilidade.

Vamos lembrar que os diretores do Banco Central não têm nenhuma proteção formal, e podem ser demitidos a qualquer momento por decisão do presidente da República e por qualquer razão.

Dar "independência" ao Banco Central implica principalmente determinar o período de vigência da diretoria, mas também criar algum mecanismo no qual membros só poderiam ser retirados por razões definidas em lei e não por suas decisões de gestão da política monetária. Hoje em dia, esse tipo de "independência" é padrão em qualquer país institucionalmente organizado, mas no caso brasileiro não foi aprovado, seja por governos do PSDB, PT, ou MDB. Independentemente das afirmações feitas sobre o Banco Central gozar de "autonomia operacional", é bastante óbvio o quanto isso é um tanto limitado.

Quando o Banco Central está fazendo algo "popular", como cortar juros, a tal "autonomia operacional" serve muito bem, já que cortar juros é universalmente popular. Agora, infelizmente, como foi o caso durante a Grande Recessão de 2014-2016, o Banco Central teve que assumir a responsabilidade de subir os juros, *dado seu mandato* durante uma recessão, a pior situação possível para a instituição.

Até em casos nos quais existe de fato algum tipo de autonomia formal ou "independência" há, ainda, alinhamento e influência entre a autoridade monetária e as outras instituições de Estado, especialmente o Executivo.

De fato, onde há autonomia formal existe, quase sempre, o cuidado de colocar como chefe do banco central alguém alinhado com o projeto político e "visão de mundo" do governo eleito.

Acredito que a visão consensual sobre o que aconteceu durante o primeiro mandato de Dilma em relação ao Banco Central peca por certa ingenuidade. Que o Banco Central errou durante este período, não há dúvidas — já discutimos isso. Mas seria um mero resultado da falta de responsabilidade *pessoal* dos diretores?

Internamente, o Estado pode ser definido como um complexo de relações de poder. E o poder não aceita um vácuo: o poder se distribui, ele nunca "desaparece".

Algo que acredito ser uma qualidade do nosso sistema político é que oscilamos entre um presidencialismo quase monárquico — onde o presidente "manda em tudo" — e um tipo de parlamentarismo informal — em que o Congresso dá as cartas (o que, não por acaso, explica o fato de o Brasil ter visto dois episódios de impeachment em um período tão curto de regime democrático.)

Tomemos como exemplo o primeiro mandato de Dilma e a NME. Hoje, a NME é rejeitada e criticada por quase todos. Mas cabe lembrar que todas as muitas medidas que compuseram a NME passaram pelo nosso Congresso, suas comissões e outras instituições: TCU, judiciário etc. Durante este período, que coincidiu com a alta popularidade que a presidente Dilma gozou até meados de 2013, essas medidas foram amplamente aceitas em Brasília com pouca oposição, inclusive por muitos que mais tarde iriam compor o governo Temer e que foram ferozes críticos de Dilma durante seu segundo mandato.

Assim, um presidente popular, um "quase monarca", não precisa necessariamente "mandar" para que algo seja feito. A tendência natural será que todos os outros membros do governo, incluindo a burocracia, vão querer *servir a vontade do presidente,* dada sua legitimidade democrática e sua popularidade momentânea.

Agora, o inverso também é verdade: um presidente impopular perde muito do seu poder "de mando" sobre outras esferas do governo. Voltando à analogia do poder, conforme este "sai" da presidência, é redistribuído para outras esferas do Estado.

Tudo isso para dizer o seguinte: apesar do complicado e criticável *track record* do Banco Central durante a gestão Tombini, eu acreditava que a relativa fraqueza e impopularidade do governo Dilma no início de seu segundo mandato, e a necessidade de implementar o ajuste em função do *pragmatismo sob coação*, permitiria ao Banco Central agir com maior independência em relação ao primeiro mandato. E isso acabou sendo verdade: quaisquer erros de gestão durante o período em que eu estive no Banco Central foram *nossos erros* como diretoria. Em nenhum momento, dado tudo que sei, sofremos pressão direta do governo para mudar de estratégia ou tomar uma determinada decisão.

Comunicação, Expectativas e Credibilidade

Outro ponto-chave de uma tentativa de reconstruir a credibilidade de um banco central é a comunicação com o mercado.

Para qualquer banco central há uma hierarquia de formas de comunicação. No topo há documentos referendados pela diretoria, como os comunicados e atas do Copom e o Relatório de Inflação. Abaixo destes estará qualquer forma de comunicação que tenha caráter pessoal e potencialmente informal.

Existe um debate contínuo sobre qual a melhor forma e qual o conteúdo que se deve comunicar, especialmente devido à importância da comunicação e do gerenciamento de expectativas em um regime de metas.[12] Sem entrar em um debate bastante complexo, eu acreditava que no caso que estávamos enfrentando — ou seja, comunicar uma mudança de postura

---

12 Ver, por exemplo, Alan S. Blinder et al., "Central Bank Communication and Monetary Policy: A survey of theory and evidence", DNB Working Paper 170, abril de 2008. Para uma crítica à ideia de que mais transparência será sempre melhor, veja Frederic S. Mishkin, Monetary Policy Strategy, MIT Press, 2007, capítulo 5.

com consequências práticas para a gestão monetária —, mais comunicação além dos documentos oficiais era algo potencialmente benéfico.

É prática normal de muitos bancos centrais, o *Fed* e o *Bank of England* entre eles, que membros da diretoria falem publicamente com o mercado expondo seus pontos de vista pessoais. Desde que fiquem claros o caráter pessoal da comunicação e o acesso igual ao conteúdo — com as falas disponíveis nos sites das instituições antes do início dos eventos —, normalmente não ocorrem problemas.

Mas lógico que há sempre perigos de desentendimento e divergências a respeito do grau de abertura da informação e seu conteúdo quando se trata de questões técnicas e complexas que têm evidentes consequências políticas. Acertar a "dose" correta de comunicação foi um grande desafio, com acertos e erros, durante meu tempo no Banco Central.

No meu caso, tomei o cuidado de sempre circular os textos das minhas falas para os membros relevantes da diretoria antes dos eventos dos quais participei. Os textos eram publicados no site do Banco Central antes de serem lidos e apresentados às plateias dos eventos. Nunca tomei nenhuma atitude ou defendi nenhuma posição nesses textos sem o conhecimento prévio de pelo menos Alexandre Tombini, que sempre me incentivou na tentativa de comunicação com o mercado.

Política Monetária em Dois Momentos: A Inversão das Expectativas

Em função desses antecedentes, o que aconteceu foram dois momentos distintos durante meu ciclo no Banco Central. Um primeiro período inicial, no qual tivemos algum sucesso na questão de reancorar as expectativas, foi seguido de um período de gerenciamento de crise e dissensão por uma política monetária mais dura frente à então popular posição de que estávamos em um estado de "dominância fiscal".

Uma maneira de julgar a eficácia da política monetária seria a relação das expectativas com a meta de inflação. Idealmente, as expectativas no médio e longo prazos sempre estariam na meta — prova da crença do mercado de que o Banco Central teria liberdade e capacidade de manter a inflação sob controle. No curto prazo, porém, dada a possível ocorrência de vários choques de todos os tipos, não seria um sinal de desconfiança se as expectativas de inflação estivessem acima ou abaixo da meta. O importante aqui seria a convergência da inflação na direção da meta ao longo do tempo.

Então, como estavam as expectativas no início de 2015? Para o ano, o mercado esperava 6,6% de inflação, refletindo em parte o ajuste tarifário a ser feito e a questão cambial. Mas o real problema para o Banco Central estava à frente, com as expectativas de 5,7% para 2016 e 5,5% para 2017 e 2018, um caso claro de desancoragem das expectativas e falta de confiança na instituição. Reverter este quadro era, para mim, a questão primordial que o Banco Central enfrentava.

Minha primeira intervenção pública neste debate ocorreu em junho de 2015, em um evento com investidores em Londres, que teve como base o texto "Brazil's monetary policy challenge".[13] Nesse texto, argumento que o Brasil enfrentava uma série de desafios, destacando a questão fiscal e a baixa produtividade. Mas, além desses problemas, apontei duas questões de natureza monetária.

O primeiro desafio era impedir que o forte ajuste dos preços administrados, que chegaria ao patamar de 17% naquele ano, contaminasse de forma ainda mais intensa a inflação corrente e as expectativas. Naquele momento, o mercado esperava uma inflação de 8,8% para 2015, com o IPCA rodando em 8,9% em junho (de fato o IPCA fecharia o ano em 10,7%). Havia também uma forte disparidade entre preços de bens transacionáveis e não-transacionáveis, uma indicação da possível pressão inflacionária advinda de ajustes cambias.

Apontava também que, frente a este quadro, o Banco Central não ficou inerte, mas aplicou um duro ajuste na política monetária. A taxa real de

---

13 Tony Volpon, "Brazil's monetary policy challenge", discurso do diretor de Assuntos Internacionais, Londres, 17 de junho de 2015, Banco Central do Brasil.

juros de um ano, deflacionada pelas expectativas de inflação, estava no nível de 7,3%, quase dois desvios padrões acima de sua média desde 2008. Certamente, o Banco Central naquele momento não poderia ser acusado de ter uma atitude complacente ou "dovish" com a inflação.

Tudo isso já rendia resultados positivos nas expectativas. Com uma inflação esperada de 8,8% para o ano, o mercado aguardava uma inflação de 5,5% para o ano seguinte e, o que era mais importante, 4,8% para 2017 e 4,5% para 2018, que eram os valores da meta.

Vale aqui comparar esses valores com o que era visto no início do ano, como notamos acima. Para o ano de 2015, as expectativas subiram de 5,6% para 8,8%, fruto do choque mais forte do que esperado nos preços administrados. Apesar disso, as expectativas para o ano seguinte caíram de 5,7% para 5,5%, enquanto as expectativas de longo prazo para 2017 caíram 1%, de 5,5% para 4,5%, o valor da meta. Assim, apesar de tudo, o Banco Central naquele momento, a meu ver, tinha efetivamente reconquistado parte da credibilidade perdida nos anos anteriores, sem sombra de dúvida devido à disposição de colocar a taxa de juros real em patamares elevados a despeito da recessão já em curso.

Apesar disso, no texto eu argumentava que ainda era possível fazer mais. Advoguei que o Banco Central ainda deveria trabalhar para baixar as expectativas de inflação de 2016. Estava contra a ideia de postergar a convergência além de 2016 — alguns economistas defendiam o ajuste da meta de inflação para cima. A meu ver, postergar a convergência da inflação à meta contaminaria as expectativas, consequentemente, piorando o impacto de fatores inerciais na inflação.

Discuti se a convergência em 2016 já era possível. Falei que acreditava nisso não somente em função da disposição do Banco Central em manter um elevado nível de juro real, mas também em razão do ajuste fiscal já implementado pelo ministro Levy.

Na apresentação, incluí um gráfico mostrando que o nível dos gastos discricionários, descontando a inflação, caiu 14,9% na comparação anual. Um severo ajuste fiscal deste tipo daria forte impulso fiscal contra a inflação ao longo do tempo.

Reconhecia que a inércia inflacionária ainda parecia alta, com a inflação de serviços ainda rodando acima de 8%.

Entretanto, argumentei que a inércia não era uma variável constante, mas sim que dependia do contexto econômico. Nos últimos dez anos — durante o *boom* lulista — houve uma série de fatores que aumentou o nível de renda,[14] especialmente na camada mais pobre da população, que passou a ter uma maior propensão a consumir. E muito desse consumo ocorreu no setor de serviços (lembrando que cerca de 60% do PIB brasileiro é produzido no setor de serviços), e este é mais intensivo em mão de obra e não sofre efeitos da concorrência externa (não se importam muitos serviços). Isso gerou uma dinâmica positiva e "autoalimentada" entre o setor de serviços e o mercado de trabalho, impactando negativamente a inflação.

Mas, no último ano, essa dinâmica estava rodando "ao contrário", em grande parte devido à recessão. Apesar disso, a inflação dos serviços ainda se encontrava em patamares altos, resultado da rigidez nominal da economia e dos fatores inerciais. Em função desses motivos, a primeira resposta a esses choques ocorreram inicialmente nas quantidades produzidas, e só mais tarde nos preços (isto é, primeiro o PIB cai, só depois a inflação responde caindo).

Noto que, como veremos adiante, ocorreram dois eventos nos meses seguintes que abortaram por um tempo essa dinâmica positiva para a inflação. No entanto, com o passar do tempo e depois do impeachment, já com uma nova equipe econômica, assistimos a uma queda da inflação de serviços mais forte do que a esperada, que hoje está rodando em 3,5% ao ano. Acredito que a "surpresa" com a inflação na segunda metade de 2016 e ao longo de 2017 foi em grande parte devido aos fatores estruturais e conjunturais que apontei no texto de 2015, que não foram anulados pelos choques negativos de 2015, mas postergados por eles. As sementes para a desinflação que vivemos hoje já estavam sendo plantadas naquela época.

---

14 Não usei o termo, mas estava pensado aqui no efeito riqueza.

O "Plano Levy"

No final de 2014, a posição fiscal já era grave, com o governo registrando déficits primários e a economia em recessão. Reverter esse quadro era a principal função da política econômica do governo e de seu novo ministro da Fazenda, Joaquim Levy.

De início, os planos de Levy se baseavam, em grande parte, no desmonte da NME, especialmente na questão tarifária, nos vários benefícios tributários concedidos, inclusive via BNDES, e no controle mais rigoroso de vários programas sociais lançados no primeiro mandato, como o FIES.[15] Esperava-se já voltar a ter um superávit primário de 1,2% no ano de 2015 para evitar a temida perda do grau de investimento pelas agências de classificação de risco soberano. Vale a pena notar que o mercado no começo de 2015 esperava um superávit de 1% para o ano, perto do planejado.

No que tange às decisões somente do executivo sobre os gastos discricionários, o esforço feito foi brutal, como notamos acima, com o consumo do governo caindo 1,4% do PIB e os investimentos caindo 32,5% em 2015. Não parece ser valida a acusação de que, no início do segundo mandato, a presidente Dilma e seu ministro da Fazenda não estavam comprometidos com o ajuste fiscal.

Mas as coisas não iam de todo bem, especialmente no Congresso. Na avaliação de Claudia Safatle:

> *Os conflitos políticos com a base de sustentação do governo se acirravam. Eduardo Cunha, que havia sido eleito presidente da Câmara em fevereiro, passou a ameaçar o governo pondo em votação medidas que elevavam as despesas da União (...) As relações entre governo e Congresso tinham azedado.*[16]

---

15 Ver Safatle (2016) p.279.
16 Safatle (2016) p.279-280.

Outro fator que prejudicou o ajuste foi o próprio ajuste, via efeito sobre a receita da recessão. Muitos criticam a atuação de Levy como um exemplo da contradição de "expansionary austerity", a ideia de que por meio do impacto positivo sobre as expectativas, um ajuste fiscal pode de fato expandir o crescimento econômico. Alguns chegam a colocar a culpa pela recessão inteiramente no processo de ajuste feito em 2015, como se a recessão não tivesse começado em 2014.

Economias têm mecanismos de equilíbrio, senão todo choque se propagaria sem fim, jogando a economia em "espirais" inflacionários e deflacionários. Ainda assim, é valido questionar, dada a situação que a economia enfrentava no momento, qual era a política de ajuste adequada.

Comparar cenários reais e contrafactuais é, sem dúvida, algo muito difícil na prática. Em nosso caso, porém, chama atenção um recente trabalho oriundo do Instituto de Pesquisa Econômica Aplicada (Ipea) que tenta responder a essa questão usando um modelo de equilíbrio geral.[17] O fato de este trabalho levar em conta os impactos do reconhecimento das "pedaladas fiscais" sobre a economia é igualmente interessante.

A tese seria de que houve um reconhecimento em etapas das pedaladas fiscais que piorou a percepção da questão fiscal. Assim, a economia sofreu "choques informacionais" negativos durante o ano que pioraram o quadro recessionário.

Este trabalho trás dois resultados bastante interessantes. Primeiro, reconhece que o verdadeiro quadro fiscal foi ao longo de 2015. Podemos ver isso também olhando para a expectativa do resultado primário na pesquisa Focus. No meio de 2014 era esperado um superávit primário de 2% do PIB em 2015. Esse número cai para 1% após a eleição de Dilma Rousseff, mas sobe para 1,2% no início do ano. O superávit esperado começa a cair logo depois, mas de forma lenta, ainda sendo 0,7% no final de junho. Só em setembro o número viraria negativo, fechando o ano com um déficit de 1,9%. Para os pesquisadores:

---

17 Marco Antonio F de H. Cavalcanti et al., "Impactos macroeconômicos do choque fiscal de 2015: a regularização de despesas públicas não contabilizadas", Ipea, Texto para Discussão 2394, julho de 2018.

> *(A) deterioração do resultado primário e o aumento da dívida pública teriam aumentado a percepção de risco dos agentes privados domésticos e externos em relação à sustentabilidade fiscal, levando à elevação do risco-país; em consequência disto, a taxa de câmbio teria desvalorizado, causando pressão inflacionária e, portanto, exigindo o aumento da taxa de juros pelo BCB.*[18]

Nas simulações apresentadas, é testado o cenário onde o ajuste fiscal exigido é atenuado e postergado em relação àquele feito por Levy. Desta forma, podemos responder se um ajuste fiscal mais gradual teria sido de fato melhor. Neste caso:

> *(Os) resultados apontam para uma perda de produto ainda maior do que no caso básico, tanto no curto prazo como em prazos mais longos. De fato, ao responder aos choques com menor intensidade no curto prazo, as autoridades fiscais permitem aumento maior da dívida pública, o que, de um lado, gera crescimento mais pronunciado do risco-país no curto prazo, maior inflação e, consequentemente, maior aperto monetário; e, de outro lado, acaba exigindo um aperto fiscal mais forte e duradouro no médio e no longo prazos.*[19]

Portanto, pela ótica destes resultados, a tentativa do ministro Levy de resolver a questão fiscal o mais rápido possível foi acertada. Um ajuste muito gradual — que, ironicamente, foi adotado durante o governo Temer após o impeachment, que teve grande apoio do mercado financeiro —, do ponto de vista econômico, foi pior por prolongar os efeitos negativos do desequilíbrio fiscal.

---

18 Cavalcanti et al. (2018), p.11.
19 Cavalcanti et al. (2018), p.12.

CAPÍTULO 12

Nunca Jogar a Toalha

- *Os problemas fiscais, que ficaram mais evidentes no meio de 2015, levaram muitos analistas a argumentar a favor de uma postura monetária passiva, devido a um suposto quadro de "dominância fiscal".*

- *Não por acaso, 2015 foi o pior ano para a economia da China desde a GCF, com uma surpreendente desvalorização da moeda chinesa e crise em seus mercados financeiros.*

- *Apesar da crescente crise política, temores sobre uma suposta "dominância fiscal" e o aprofundamento da recessão, a inflação atingiu seu pico em janeiro de 2016.*

Mas, infelizmente, a piora contínua da questão fiscal, à medida que o verdadeiro buraco era reconhecido, trazia a necessidade de cortar os gastos ainda mais, assim como começar a andar com propostas que mexiam em temas constitucionais.

Chegando ao meio de 2015, já estava ficando claro que o controle dos gastos discricionários não seria suficiente para gerar algum superávit positivo no ano, especialmente com as dificuldades crescentes que o governo enfrentava no Congresso. Em julho, as previsões do superávit primário para o ano estavam positivas, em 0,5%.

O que se viu entre maio e agosto foi um gradual abandono da estratégia de ajuste fiscal elaborada pelo ministro Levy. Primeiro, houve a decisão de fixar e contingenciar o orçamento em R$69,9 bilhões, pouco abaixo do valor entre R$70 bilhões e R$80 bilhões defendido publicamente por Levy, o que colocou sua credibilidade em questão. Depois, no final de julho, a meta de superávit para o ano foi rebaixada de 1,1% para 0,15%, o que gerou pressão sobre o mercado de câmbio e contribuiu para o Banco Central subir a taxa Selic em 0,5%, em vez de 0,25%, como fora sinalizado na reunião de junho. Finalmente, o que pode ser considerado o último passo, no final de agosto, contrariando o entendimento de seu próprio ministro, a presidente Dilma decidiu mandar um projeto de orçamento ao Congresso para 2016 com um déficit de 0,5% do PIB e sem incluir a volta da CPMF, medida defendida pelo governo até então.

Podemos ver aqui um exemplo claro do tipo de "choque informacional" usado no trabalho do Ipea. A quebra da tradição de sempre mandar um orçamento com previsão de superávit primário caiu como um balde de água fria no mercado. Um mês depois, as previsões medianas do Focus já mostravam déficit em 2015 e 2016. Mais adiante, em 9 de setembro, o rating do Brasil seria rebaixado para *junk* pela agência S&P, resultado que o ministro Levy tanto tentou evitar, revertendo o que o governo Lula havia conquistado com tanto orgulho sete anos antes.

A decisão de não propor medidas para gerar algum superávit primário em 2016 foi tomada alegando a necessidade de achar uma solução com o

Congresso, que prontamente recusou a tarefa.[1] Do ponto de vista atual, dado o que acabou acontecendo, essa decisão foi um enorme erro. Desencadeou uma piora significativa nas expectativas do mercado, que de pronto levou a uma disparada do dólar e das taxas de juros, movimentos que apertaram as condições financeiras em uma economia que já sofria há mais de um ano de recessão. De um leve crescimento para 2016, o mercado agora previa uma queda de 0,5% em 2016 — na verdade, a queda do PIB seria de 3,5%. Certamente não seria possível contar a história da queda do governo Dilma sem a forte desaceleração adicional do crescimento que ocorreu a partir dessa decisão, e da consequente reação do mercado.

Há, porém, uma ironia. O déficit primário acumulado no fechamento de 2015 foi de 1,9%, e grande parte do mercado naquele momento temia o caos, na figura de uma "dominância fiscal", a antessala de uma disparada inflacionária. Um ano depois, com o governo Temer no poder, o déficit primário fecharia em 2,5%, e ficou mais do que normal mandar propostas com grandes déficits primários ao Congresso, sem nenhuma reação negativa dos mercados. Assim, vale contemplar que, apesar de evidenciar uma falha de liderança política, a decisão tomada em agosto de 2015 simplesmente reconheceu uma realidade econômica e política.

Choque RMB

Esses eventos não ocorreram de forma isolada. O governo Dilma, que desde o início enfrentou um ambiente global progressivamente mais hostil para mercados emergentes, teve o azar final de enfrentar sua crise fiscal no mesmo mês em que a China passou por uma desvalorização desastrada de sua moeda. Esse evento tomou proporções globais — em um período de quatro dias no final de agosto, o índice da bolsa americana SP 500 cairia mais de 10%. Entre junho e setembro de 2015, o índice de Shanghai caiu mais de 40%.

---

1 Renan Calheiros disse à Bloomberg em 15 de setembro que "Não cabe ao Congresso resolver o déficit primário de 2016".

É sempre difícil atribuir com qualquer exatidão a contribuição relativa de diferentes fatores para um resultado econômico. Sem sombra de dúvida, os eventos fiscais daqueles meses contribuíram para a piora de expectativas e aperto financeiro que derrubaram uma já fragilizada economia, pano de fundo para o impeachment em 2016. Agora, vale notar que a coincidência desses eventos com aquilo que seria a pior crise financeira da China em décadas também deu sua contribuição tanto para aprofundar a recessão como para minar o apoio político ao governo Dilma.

Política Monetária em Dois Momentos: Dominância Fiscal

A combinação dos choques do meio de 2015 deu início a um processo de forte deterioração econômica em várias frentes. Já em agosto, o mercado começou a prever a recessão atravessando para 2016. As expectativas de inflação, antes ancoradas para 2017 e 2018, começaram a subir, com a inflação anualizada em 2015 rompendo a barreira de dois dígitos.

Estava claro, para mim, naquele momento, que a estratégia monetária que estávamos seguindo não funcionaria mais, apesar de ter demorado algumas reuniões para o Copom como um todo admitir que a convergência da inflação à meta em 2016 não seria mais possível.

Uma primeira reflexão sobre o que fazer veio em uma fala para um grupo de investidores em Nova York, no dia 20 de agosto, intitulada "Uncertainty and monetary policy".[2] Nela discuto diferentes tipos de incerteza na condução da política monetária, como o tamanho do hiato do produto e o nível de inércia inflacionária. Argumento que há uma tendência do mercado em extrapolar para o futuro o recente comportamento dessas variáveis; naquela época, a frustração com o crescimento econômico estava derrubando as estimativas do crescimento potencial, e a alta da inflação com estimativas bem altas do nível da inércia. Esperar um potencial baixo e uma inércia alta ajudava o mercado a ter uma visão

---

2 Tony Volpon, "Uncertainty and monetary policy", discurso do diretor de Assuntos Internacionais, Nova York, 20 de agosto, 2015, Banco Central do Brasil.

excessivamente pessimista acerca do quadro inflacionário, que eu via como ainda melhorando ao longo do tempo.

Mencionava, de forma tangencial, a importância de fatores "não econômicos", código para os problemas políticos enfrentados pelo governo Dilma, e como isso também impactava negativamente as perspectivas para o crescimento econômico e a inflação.

O que fazer, então? Citei um artigo clássico do economista William Brainard, que advogava que a incerteza deveria fazer um banco central atenuar suas ações ao longo do tempo — fazer menos do que o indicado para dar tempo e adquirir mais informações ao longo do tempo.[3]

Mas eu acreditava que isso não era necessariamente a forma correta de agir, dadas as incertezas que estávamos enfrentando. Citei um trabalho de Thomas Sargent,[4] no qual ele argumentava que o importante seria seguir uma política "robusta" contra diferentes fontes de incerteza, levando em conta a necessidade de se evitar os piores cenários possíveis, o que poderia levar a uma ação mais rápida e forte da política econômica, e não à estratégia advogada por Brainard.

Essa argumentação era motivada pelo início do debate sobre a economia brasileira já estar em, ou perto de, uma condição conhecida como "dominância fiscal", e como esse risco deveria levar o Banco Central a desistir da luta contra a alta da inflação.[5]

---

[3] Ver William C. Brainard, "Uncertainty and the effectiveness of policy", American Economic Review, v.57, n.2, maio de 1967. O mesmo argumento é defendido por Alan Blinder em seu excelente livro sobre a condução da política monetária na prática, ver Alan S. Blinder, *Central Banking in Theory and Practice*, MIT Press, 1998, p.11.

[4] Thomas Sargent, "Comment: Policy rules for open economies", in Monetary Policy Rules, ed. John Taylor, Chicago University Press, 1999.

[5] A literatura sobre este assunto é vasta, com várias referências específicas ao caso brasileiro. A referência clássica seria Thomas Sargent, Neil Walace, "Some unpleasant monetarist arithmetic", Federal Reserve Bank of Minneapolis Quarterly Review, outono de 1981; Eduardo Loyo, "Tight money paradox on the loose: A fiscalist hyperinflation", Kennedy School of Government, junho de 1999; Olivier Blanchard, "Fiscal dominance and inflation targeting: Lessons from Brazil", NBER WP 10389, março de 2004.

O debate pode ser resumido da seguinte forma: em situações de normalidade, um banco central pode tocar a sua política monetária sem se preocupar com a política fiscal. Uma alta de juros que aumentaria o déficit nominal seria compensada ao longo do tempo (mas não necessariamente de forma simultânea) por uma política fiscal mais apertada. Nesse caso, haveria uma dependência da política fiscal na política monetária, no sentido de que haveria ajustes da primeira para acomodar a segunda.

Mas e se houver um claro descontrole fiscal? Nesse caso, poderíamos imaginar uma "dominância" da política monetária pela política fiscal. No limite, se um aperto monetário levar a uma piora da posição fiscal sem perspectiva de um aperto para pagar a conta de juros em algum momento, uma alta da taxa de juros poder aumentar, e não derrubar, a inflação. Seria o caso no qual os agentes econômicos perceberiam que o aperto monetário não teria contrapartida em uma política fiscal ativa e compensatória.

Notem que a lógica desses argumentos tem forte componente intertemporal — a questão era se, e não tanto quando, seria feita a compensação fiscal por uma política monetária mais rígida. Para uma verdadeira dominância fiscal se instalar, os agentes teriam que acreditar que essa compensação não teria um prazo razoável, de tal forma que somente uma inflação maior "pagaria" o custo. Essa questão teria dimensões tanto institucionais como políticas, já que a "saída" via inflação não seria sem consequências para os detentores da dívida pública — haveria a *destruição de riqueza* com a inflação maior, algo que nunca acontece na prática sem uma reação política dos detentores dessa riqueza.

Portanto, me parecia extremamente forçoso acreditar que o Brasil estava em um estado de dominância fiscal em 2015, apesar de toda a piora tanto do crescimento como da posição fiscal. Mas isso não era a opinião de boa parte do *establishment* econômico. Veremos alguns exemplos:

Em entrevista à revista Veja,[6] José Júlio Senna disse:

---

[6] "O Banco Central está de mãos atadas no combate à inflação, afirma especialista em política monetária", Veja, 29 de novembro de 2015.

> *Tem havido um grande debate em torno da possibilidade de o Brasil estar ou não numa situação de dominância fiscal (...) Não sei dizer se o Brasil vive um quadro de dominância fiscal, mas, de qualquer modo, a situação fiscal inibe uma ação mais agressiva do BC no combate à inflação (...) As expectativas estão se deteriorando justamente porque o sistema de metas não está ancorado. Perdemos a âncora (...) Por isso minha conclusão é a seguinte: acho pouco provável que a inflação de 2016 seja significativamente inferior à de 2015.*

Nessa fala, vemos uma postura comum daqueles que advogavam pela ineficácia da política monetária naquele momento: não dizer abertamente que o país enfrentava uma dominância fiscal, mas sugerir que o Banco Central agisse como se de fato houvesse um estado (pelo menos parcial) de dominância fiscal. Tal raciocínio pode ser visto também na entrevista de Affonso Pastore, ex-presidente do Banco Central, a Fernando Dantas para o jornal *Estado de S. Paulo*, na qual Pastore usa a questão da recessão e da questão fiscal para falar sobre a inação do Banco Central frente à inflação:[7]

> *"Se estivesse no Copom, votaria contra a subida da Selic e pela manutenção no nível atual" (...) Preocupado com a sinalização de alguns membros do Copom sobre uma possível nova elevação da Selic e o início de um novo ciclo de alta da taxa básica de juros, Pastore alerta: "O BC comandado por (Alexandre) Tombini já cometeu muitos erros (...) se eles subirem a Selic agora, será outro erro histórico" (...) Ele começa por dizer que não tem nenhuma evidência de que o Brasil esteja em dominância fiscal.*

Alguns eram mais abertos na defesa da tese de uma dominância fiscal, mas sem nunca admitir exatamente que a economia já estivesse nesse estado. É o caso de Tiago Berriel, que seria nomeado em 2016 para o Banco Central pelo governo Temer após o impeachment de Dilma Rousseff:[8]

---

[7] "É um erro histórico subir juros agora, diz Pastore", Estado de S. Paulo, 17 de dezembro de 2015.
[8] "Na antessala da dominância fiscal", Estado de S. Paulo, 10 de setembro de 2015.

> *O Brasil pode estar na antessala da dominância fiscal (...) Se Berriel estiver certo, uma estratégia gradualista para a crise fiscal vai levar, quase necessariamente, a uma elevação da inflação para muito acima dos limites de tolerância do sistema de metas (...) "O que nós constatamos agora é que a situação fiscal é aparentemente insolúvel, por razões políticas", comenta Berriel. Assim, houve um passo considerável na direção do cenário mais temido, de dominância fiscal.*

Nem todo o *establishment* flertou com a tese de dominância fiscal, e algumas pessoas influentes se posicionaram contra, mas, na minha avaliação, a discussão teve significativo impacto negativo sobre o mercado, piorando de forma sensível a precificação de ativos em vários mercados, inclusive a curva de juros, o câmbio e, especialmente, o mercado de "inflação implícita", que seria a diferença entre a taxa de juros nominal e a taxa de juros real dos títulos NTN-B do Tesouro, e assim é uma métrica para a inflação esperada no futuro. Por exemplo, a inflação implícita de dois anos, que estava ao redor de 6% em agosto de 2015, sobe para 9% ao ano em novembro, batendo um pico de 10% em janeiro de 2016. Em abril do mesmo ano ela voltaria para a casa de 6%. Portanto, vi a necessidade de combater a popular tese por uma série de razões, o que incluía a piora exógena que ela implicava na economia.

A mais óbvia evidência de que não havia um estado de dominância fiscal seria a estabilidade cambial. Apesar de uma forte depreciação entre julho e setembro, a taxa de câmbio a partir deste momento ficou relativamente estável — o que não impediu, por exemplo, o surto de alta na inflação implícita.

O que eu via de importante neste fato era que uma "saída" pela inflação teria, como admitiam os defensores da tese, um forte componente de desvalorização cambial gerado por uma fuga de capitais.

Eu achava que a posição externa era a grande razão pela qual o Brasil estava muito longe de um estado de dominância fiscal, e não em sua "antessala". Em uma fala para investidores, feita em novembro de 2015,[9] alertei que a grande melhora na posição externa de muitas economias emergentes, com acumulação de reservas e a denominação de passivos em moeda local, implicava que, diferentemente do passado, muitos choques externos não eram "amplificados", mas sim diminuídos ("dampaned") pela estrutura da economia.

Naquele momento, a economia brasileira tinha passivos externos "consolidados" (somando setores público e privado) na ordem de US$1,26 trilhão, com um ativo externo consolidado de U$777 bilhões. Portanto, o Brasil tinha um passivo líquido — o que o país "deve" ao resto do mundo — de US$484 bilhões.

Por definição, todo ativo externo é denominado em moeda estrangeira. Diferentemente, grande parte do passivo externo era denominada em reais, incluindo US$399 bilhões de investimentos estrangeiros diretos e US$238 bilhões de investimentos em carteiras de ativos (bolsa e renda fixa). Assim, dada essa denominação diferenciada entre ativos e passivos, uma desvalorização cambial diminuía nosso passivo externo líquido, já que não impactava o valor dos ativos mas diminuía o valor em moeda estrangeira. Mostrei que, entre 2011 e 2015, havia uma correlação negativa de 85% entre a taxa de câmbio e o passivo externo líquido.

Disse então que:

> *Esses fatos seriam importantes ao pensar no debate recente sobre dominância fiscal (...) o fato de nós não estarmos observando a fuga de capital e depreciação cambial que deveríamos estar observando em um estado de dominância fiscal implica que não há tal estado no caso brasileiro. E isso é verdade, em parte, devido aos grandes e líquidos amortecedores disponíveis para gerenciar a depreciação da moeda, e também à não existência de balanços frágeis que podem gerar dinâmicas explosivas.*[10]

---

9   Tony Volpon, "The emerging market crisis of 2015 or the third stage of the global financial crisis", discurso do diretor de Assuntos Internacionais, Nova York, 5 de novembro de 2015, Banco Central do Brasil.
10 Tradução do inglês.

Havia também outra razão para a rejeição da tese. Eu não podia falar abertamente, mas já ficava claro que a questão fiscal e seus impactos sobre a economia estavam intrinsecamente ligados ao debate acerca do possível impeachment da presidente Dilma, que já estava em curso. Assim, me parecia que, de alguma forma, depois da decisão quanto à questão, sobrevivendo ou não o governo, haveria um encaminhamento da questão fiscal. Por isso, já neste discurso de novembro de 2015, escrevi que "o processo político no Brasil levará a alguma solução da questão fiscal nos próximos meses".

Rejeitando radicalmente a tese de dominância fiscal, inclusive na sua versão "talvez estejamos lá, então melhor não fazer nada", eu via nas altas da inflação corrente, das expectativas de inflação e das projeções de inflação, razões suficientes para um ajuste na taxa Selic. Então, na reunião de novembro 2015, eu, junto com Sidnei Corrêa, votei em dissidência por uma alta de 0,5% da taxa Selic, que estava naquele momento em 14,25%. Na ata desta reunião está escrito: "Parte de seus membros argumentou que seria oportuno ajustar, de imediato, as condições monetárias, de modo a reduzir os riscos do não cumprimento dos objetivos do regime de metas para a inflação." A dissidência também se repetiu nas reuniões de janeiro e março de 2016.

O argumento por trás da discordância foi elaborado em um discurso feito no Rio de Janeiro em março de 2016:[11] Argumentei que:

> *A progressiva desancoragem das expectativas pode causar uma estabilização da taxa de inflação num patamar estacionário acima da meta (...) meu voto dissidente tem sido motivado pela vontade de sinalizar compromisso com a meta de inflação, em um contexto no qual a inflação corrente tem estado acima da esperada ao longo dos últimos meses, e que tanto as expectativas dos agentes como as projeções do Banco Central têm se distanciado da meta.*

---

11 Tony Volpon, "Perspectivas e riscos para a política monetária brasileira", discurso do diretor de Assuntos Internacionais, Rio de Janeiro, 17 de março de 2016, Banco Central do Brasil.

Vendo o risco de uma possível desancoragem adicional, argumentei dentro do Banco Central que o ajuste na taxa Selic deveria ser discreto, para manter a taxa de juros real *ex-ante* pelo menos no mesmo patamar, o que eu considerava um índice de manutenção de uma posição monetária estável.[12] Não estava advogando jogar a Selic nas alturas, mas também não queria adotar uma postura de inação que, pela alta da inflação, tornaria a postura monetária mais frouxa na margem.

Quando fiz esse discurso, a inflação anual estava em 9,4%. O pico da inflação foi 10,7%, no início de 2016. A partir dessa data, a inflação começou sua surpreendente trajetória de queda, o que levaria o Banco Central, em 2017, a ter que escrever uma carta ao ministro da Fazenda explicando por que a inflação daquele ano fechou abaixo do piso da meta, exatamente o contrário do que nos levou a também escrever uma carta ao ministro no final de 2015.

Convergência Abortada ou Postergada?

Na economia, como na vida, há muitas ironias. Apesar da desancoragem das expectativas, da alta da inflação corrente e dos temores semeados pela discussão sobre a questão fiscal, a inflação bateu no pico no início de 2016, e a partir daí entrou em declínio.

Certamente, o desfecho do impeachment alguns meses depois gerou uma mudança exógena nas expectativas de mercado, colocando os níveis de juros e câmbio para baixo, ajudando na queda da inflação.

Mas e a questão fiscal? A adoção de uma estratégia de ajuste fiscal bastante gradual pelo governo Temer, e a frustração com a não aprovação da reforma da previdência, manteve o nível dos déficits primários bastante altos. Mas isso não impediu a forte queda da inflação, mostrando que a relação entre a questão fiscal e a política monetária é bem mais complexa

---

12 Compensar a alta da inflação com aumento da taxa nominal de juros que seja maior é algo conhecido como o "Princípio de Taylor", ver Woodford (2003) p.91.

e dependente do contexto do que argumentaram os defensores da tese de dominância fiscal em 2015.

No caso da inflação, prevaleceram — com a usual demora devido à rigidez nominal da economia — os fatores de reversão da dinâmica do excesso de demanda agregada sobre a oferta agregada gerados pelas medidas da NME, visão que defendi desde meu primeiro discurso em Londres.

Hoje, refletindo a respeito dessas questões à luz do que tem ocorrido desde então, parece-me que a tese de dominância fiscal foi, mais do que tudo, uma forma de expressão de descontentamento e falta de confiança com o governo então no poder. Com o arranjo político daquele momento, não haveria como resolver a questão fiscal, e então o Banco Central deveria abandonar sua missão de controle da inflação, o que geraria um tipo de "profecia autorrealizável" que, ironicamente, levaria à dominância fiscal! Seria muito interessante saber, contrafactualmente, o que teria ocorrido com a inflação sem o impeachment do governo Dilma.

CAPÍTULO 13

O Breve Governo Temer

■ *O grande número de reformas feitas pelo governo Temer, apesar das condições políticas e econômicas extremamente adversas e das denúncias de corrupção que atingiram o governo, foi um claro exemplo do "pragmatismo sob coação" em prática.*

Não é o propósito deste livro ir além do período petista, mas cabem aqui alguns rápidos comentários sobre o "breve" governo Temer como ilustração de alguns dos conceitos que temos apresentado ao longo dos últimos capítulos.

Como discutido no último capítulo, o impeachment de Dilma foi um exemplo extremo do *pragmatismo sob coação* colocado em prática. A percepção de que o esforço de ajuste anunciado com a nomeação de Joaquim Levy estava sendo abandonada, combinada com os efeitos negativos sobre a economia do "choque RMB", foi o caldo perfeito para uma progressiva perda de apoio parlamentar, levando ao impeachment.

Podemos comentar todo o desenrolar dos eventos e as pessoas envolvidas, mas, para o bem da verdade, houve tamanha degradação das condições de governabilidade, boa parte em função da queda da economia, que fez do impeachment algo quase irresistível politicamente.

A questão do *pragmatismo sob coação* se manifesta também no governo Temer. Olhando para a biografia de Temer, seria difícil argumentar *ex ante* que ele tentaria, e de fato até certo ponto conseguiu ser, um presidente reformista. A publicação da "Ponte para o futuro" como sinalização de disposição de fazer o que seria necessário não surpreendeu, mas o que pode ter surpreendido foi que o governo Temer realmente tentou executar a agenda anunciada.

Isso com certeza não foi um acaso, mas uma consequência da necessidade de restabelecer a percepção de estabilidade da questão fiscal — o *efeito riqueza* com o *pragmatismo sob coação*. A formação do *Dream Team* da equipe econômica, capitaneada por Henrique Meirelles, e a aprovação de reformas como a "PEC do teto" e a trabalhista, apesar da impopularidade inicial do governo (algo que só piorou), demonstra a lógica do *pragmatismo sob coação* funcionando.

Mas tudo tem seu limite, e o já "breve" governo Temer (por ter nascido depois de um impeachment) de fato acaba em termos políticos bem antes do esperado, pela combinação das denúncias de maio de 2017 e os efeitos crescentes da aproximação do calendário eleitoral.

Na economia, tudo parecia bem promissor: o impeachment em si gerou forte impacto positivo nas condições financeiras. Ajudado por uma recuperação da economia chinesa e grande otimismo na economia global, os anos de 2016 e 2017 foram tão bons para países emergentes como 2014 e 2015 foram ruins. Além disso, nossa Grande Recessão aniquilou a inflação e promoveu fortíssimo ajuste externo.

Mas a Grande Recessão causou fortes danos à posição patrimonial — um *efeito riqueza* fortemente negativo — de todos os agentes econômicos, e então, de certa forma, aquilo que muitos consideram positivo no cenário pós-impeachment, como a baixa inflação e o forte ajuste externo, são simplesmente consequências desses danos ao crescimento em potencial, mostrando todas as dificuldades para que a economia voltasse a alguma normalidade, em particular na questão fiscal. As consequências da Grande Recessão brasileira ainda estarão conosco por muito tempo, e não poderemos contar com um crescimento acelerado para "resolver" a questão fiscal.

Os eventos de maio de 2017 foram uma grande surpresa, assim como a relativa falta de reação negativa aos eventos depois da forte reação inicial. Na época, já como economista-chefe do banco UBS no Brasil, eu via essa "complacência" como resultado, principalmente, do excelente ambiente global para países emergentes naquele momento.[1] Assim, ao contrário dos eventos de 2015, quando fatores globais ampliaram os efeitos da crise doméstica, nesse caso fatores globais quase que totalmente anularam seus efeitos negativos. Nesse momento, Temer teve uma sorte que Dilma não teve.

Assim, fomos caminhando até 2018, a mais incerta eleição desde 1989. Apesar da incerteza eleitoral e da falta de progresso concreto na crucial questão fiscal, os mercados continuavam a melhorar e o Banco Central a cortar a Selic. A eventual prisão do ex-presidente Lula foi o auge desse

---

1 Tony Volpon, "Latin American Economic Perspectives: Two crises, two results", UBS Global Research, 4 de junho de 2017.

otimismo, já que muitos no mercado acharam o evento um tipo de garantia da eleição de um "reformista" em 2018.

Mas o que o cenário global dá, ele também pode tirar. Em abril de 2018, ocorre uma surpreendente alta no dólar americano globalmente, prenúncio de uma queda de liquidez global que impacta de forma negativa vários mercados emergentes. De um momento para outro, o Brasil, cujos preços da sua bolsa estavam tendo a melhor performance dentro do universo dos emergentes, sofre forte correção. O que era amplamente ignorado de repente vira problema, caso emblemático do fato de o mercado oscilar entre ver o copo "meio cheio" e "meio vazio", dadas as oscilações na percepção acerca dos níveis de liquidez global. A sorte do governo Temer com fatores globais parecia acabar naquele mês de abril.

Logo depois, a greve dos caminhoneiros foi o proverbial "tiro na nuca" da recuperação econômica esperada naquele ano eleitoral. Faltava agora apenas ver o que aconteceria nas eleições, mas independentemente de quem ganhasse, precisaria enfrentar a urgente tarefa de proporcionar algum horizonte de estabilidade fiscal, dentro, mais uma vez, do *pragmatismo sob coação*.

CONCLUSÃO

Brasil, País do Futuro que Sempre Será

Sem sombra de dúvida, muito do destino brasileiro está hoje atado ao futuro chinês por causa da forma passiva com a qual o Brasil escolheu responder à entrada da China na economia global, levando-nos a entrar mais e mais na órbita econômica chinesa.

Mas o mundo demorou a entender a importância da China, e até hoje muitos não entendem. Aqui no Brasil, cometemos esse erro, mas, se serve de consolo, não cometemos esse erro sozinhos. Não continuar a cometer esse erro será uma tarefa necessária para o futuro, um futuro que tanto quanto a última década será em grande parte determinado por acontecimentos na China.

A maior parte da questão chinesa hoje recai exatamente na sua capacidade de gerir os vários problemas gerados por uma estratégia voltada à repressão do consumo, que foi crucial para a fase de crescimento acelerado, mas que chegou à exaustão, criando uma série de desequilíbrios econômicos, sociais e ambientais.

Após a GCF, a China deu início a um dos maiores programas de investimentos da história para utilizar sua capacidade instalada, gerando demanda agregada por meio desses investimentos, em particular nos mercados imobiliários e na infraestrutura. Mas isso teve um custo: crescentes níveis de endividamento e crédito.

Tornou-se consensual, a partir da desaceleração do crescimento econômico, evidenciada em 2011, que a China estava em uma rota insustentável. Tal pessimismo atingiu seu ápice em 2014-2015, quando uma onda de saída de capital por investidores locais parecia demonstrar uma perda de confiança dos chineses em seu próprio sistema. Mas, surpreendendo a muitos (inclusive eu mesmo), o governo chinês reverteu esse processo em 2016. Coincidindo com o final do governo Dilma e para benefício do governo Temer.

O Peculiar Estado-Partido chinês

Antes de entender o que foi feito para reverter o que poderia ter sido uma crise econômica terminal, qual a estratégia atual do Partido Comunista da China (PCC) e se ela terá sucesso, devemos analisar melhor a natureza política do regime chinês.

Há muitas dificuldades para entender a China, sobretudo em função da tendência de abordar questões políticas do ponto de vista absoluto — por exemplo, um país é, ou não é, democrático. Certamente, no caso chinês, o uso de conceitos absolutos leva a erros de avaliação.

Outro problema se deve ao desconhecimento geral de várias características da civilização chinesa. Escrevo "civilização" propositalmente — a China como entidade política e cultural existe há cerca de quatro mil anos. Assim, tudo na China, inclusive sua recente experiência comunista e virada capitalista, é filtrado por um grande conjunto de fatores específicos ao país, e são estes que acabam modelando a adaptação dessas "novidades" à realidade nacional.

Como definir o sistema político chinês atualmente? Ofereço aqui a definição de Arthur Kroeber e algumas das características mais fundamentais do sistema:[1]

› A China é um estado burocrático/autoritário de partido único, em tese centralizado, mas, na prática, altamente descentralizado;

› A China não é uma ditadura;

---

1 Ver Arthur R. Kroeber (2016), p.1-5.

› O poder reside no partido, mas ele é institucional e não personalizado — há um método aceito para a transferência de poder;
› Líderes da burocracia estatal, de empresas, da mídia, de universidades, do judiciário etc. são quase sempre membros do partido — há, efetivamente, dualidade Partido/Governo, ou de forma mais abrangente, Partido/Elite (econômica, cultural etc.).

Note que muito disso foi escrito antes dos acontecimentos referentes às reformas feitas no último Congresso do PCC em outubro de 2017, que podem indicar uma crescente "personalização" do poder na pessoa de Xi Jinping.

Uma das formas mais interessantes pela qual a dualidade Estado/Partido se expressa está na existência do *leading small groups* (ou "grupos restritos de liderança") dentro do PCC. Esses grupos, que normalmente são temáticos, existem dentro da estrutura partidária, são em geral permanentes e não ocasionais, gozam de estrutura própria e independente, e têm como líderes muitas vezes membros do Politburo. Hoje, Xi Jinping lidera pessoalmente os mais importantes dos 47 grupos existentes.[2] Na prática, esses grupos dentro do PCC se tornam o centro de estudo e formulação das mais importantes estratégias e políticas estatais, superando o nominalmente poderoso Conselho de Estado composto pelos ministros e a alta burocracia.

A estrutura Estado/Partido atual é largamente fruto da reação do PCC à sua crise existencial dos anos 1980 e às conclusões alcançadas ao longo do tempo. Algumas dessas conclusões podem ser resumidas da seguinte forma:[3]

› O PCC não tem interesse ou intenção de executar uma transição para um sistema democrático;

---

[2] Ver, "To rule China, Xi Jinping relies on a shadowy web of committees", the Economist, 10 de junho de 2017.

[3] Aqui apresento um resumo do trabalho de David Shambaugh, inclusive seu mais recente livro, *China's Future*, Polity Press, 2016.

> O PCC reconhece que, a partir de certo patamar de desenvolvimento econômico, a tarefa primordial é suprir um grupo de "bens públicos" essenciais: saúde, educação, segurança pública, proteção ambiental etc.;

> O sistema leninista tem reconhecidas vantagens e desvantagens — um Estado "forte", mas potencialmente insensível às demandas populares;

> As desvantagens podem levar a uma "transição atolada", devido à corrupção embutida em um Estado "predatório";

> O PCC deve se "reinstitucionalizar", de um "partido revolucionário" para um "partido dominante";

> Nisso, optou-se por um "leninismo consultativo", em que operam dois movimentos: cooptação de elites para o partido e um processo permanente de consulta às demandas das massas populares (pesquisas de opinião e de mídias sociais);

> Mecanismo institucional de alternância de poder interno baseado na meritocracia,[4] processo contínuo de educação, estabelecimento de metas objetivas de entrega dentro da máquina estatal;

> Ter como guia-mestra do partido a "adaptação contínua e flexibilidade".

O importante aqui é perceber que, para o PCC, existe uma sistemática política alternativa que supera o modelo democrático-liberal ocidental, não só em função do estágio de evolução da economia chinesa, mas sim de forma permanente. Uma combinação de meritocracia interna, cooptação de lideranças da sociedade civil para o Partido e processo permanente de consulta popular geraria uma síntese balanceada entre um Estado "forte" e indutor com um Estado "sensível" às necessidades de sua população.

---

4 Para uma interessante defesa e contraste do sistema meritocrático chinês com democracias ocidentais, ver Daniel A. Bell, *The China Model: Political Meritocracy and the Limits of Democracy*, Princeton University Press, 2015.

Não há dúvida de que o atual sucesso econômico da China decorre, em parte, do processo de transformação interna pelo qual passou o PCC como reflexo de sua crise "existencial", o que, logicamente, não implica que o modelo atual terá a longevidade imaginada pelo partido.

Existem argumentos fortes apontando a corrupção como o ponto fraco, se não mortal, do "leninismo consultativo" chinês.

A importância do tema da corrupção está no topo da agenda política chinesa, como se pode ver neste pronunciamento de Xi Jinping, feito em outubro de 2014:

> *A corrupção nas diferentes regiões e setores do país estão interligadas. Casos de corrupção estão aumentando, abuso de poder pessoal e de poder burocrático têm ocorrido conjuntamente, a troca de poder por poder, de poder por dinheiro, de poder por sexo se tornou frequente, colusão entre oficiais e homens de negócios e colusão entre superiores e subordinados têm sido frequentes, os métodos de transferir benefícios são muitos e são ocultos.*[5]

Não seria por acaso que a corrupção virou a primeira grande bandeira de Xi Jinping em sua ascensão ao poder em 2012. Vale observar que, por ter feito isso, Xi parece concordar com críticos como Minxin Pei, hoje no Claremont College, para os quais os sintomas de corrupção sistêmica na China são indicações de um sistema leninista em estágio avançado de decadência.

Para Pei, as reformas dos anos 1990, a implementação do "modelo Xangai", geraram um surto de corrupção porque houve uma reforma parcial e gradual da questão sobre direitos de propriedade. A criação da distinção legal entre "direito de propriedade", que em grande parte ficou na mão do Estado, e um "direito de uso" de vários ativos gerou um mercado informal para o uso de ativos estatais, criando um ambiente propício para a corrupção.

---

5   Minxin Pei, *China's Crony Capitalism: The Dynamics of Regime Decay*, HUP, 2016. Tradução do autor.

Para piorar as coisas, a reforma fiscal de 1993, que centralizou a receita tributária em nível federal, deixou entes subnacionais sem grandes fontes de receita própria, e como compensação houve uma descentralização da venda do "direito de uso" de ativos estatais, especialmente de terras para o desenvolvimento imobiliário, que se tornou uma das principais fontes de receita para os municípios chineses.

Outro fator apontado por Pei foi a descentralização burocrática dentro do PCC. O chefe local ganhou o direito de nomear subordinados para cargos do partido e do governo, o que levou à prática conhecida como *Maiguan Maiguan*, ou compra e venda de cargos.

Juntando esses três elementos, criou-se a possibilidade de chefes locais estruturarem redes de colaboradores para "vender" serviços ao setor privado, explorando a questão do "direito de uso". Empresas, terrenos e direitos de mineração começaram a ser vendidos a preços muito abaixo de seu valor real, gerando enormes lucros a serem repartidos entre a "rede" de corrupção e o setor privado.

Pei aponta estimativas de que ainda há RMB181 trilhões de ativos sob domínio do Estado, cerca de 51% de todo o patrimônio líquido da economia. A maior fonte da estimada margem de lucro entre 30-50% em negócios imobiliários vem do fato de os valores pagos pelos terrenos estarem muito abaixo de seu valor real. Não por acaso, 25% de todos os bilionários chineses fizeram suas fortunas no setor imobiliário.

Pei escreveu seu estudo em 2016, porém depois do início da campanha anticorrupção de Xi Jinping. Pei não acredita que esse tipo de esforço terá sucesso. Suas razões merecem atenção, por haver óbvios paralelos com a incerteza acerca dos efeitos da "campanha" anticorrupção que se iniciou com a Lava Jato no Brasil, se serão duradouros ou não.

Para Pei, o tipo de corrupção sistêmica que se enfrenta na China tem efeitos negativos na economia por minar a capacidade gerencial do Estado. E a criação redes de corrupção gera um ambiente onde somente aqueles dispostos a ser parte ativa de uma rede de corrupção terão avanço profissional dentro do partido e do governo. Isso torna uma limpeza efetiva de quadros burocráticos corruptos quase impossível.

O tipo de campanha iniciada por Xi esbarra, segundo Pei, em um limite natural: a liderança do partido. Assim, essas campanhas acabam sendo usadas como uma arma contra facções rivais e no intuito de concentrar o poder. Muitos críticos de Xi afirmam que é exatamente isso que ele está fazendo para se fortalecer no poder.

O pessimismo de Pei se estende até a questão de uma eventual transição política. Não acreditando na sobrevivência do regime, Pei afirma que, quando a transição ocorrer, a China terá uma elite corrompida e uma sociedade polarizada em termos econômicos.

Outra recente visão pessimista da China vem de David Shambaugh,[6] hoje na George Washington University. Ele denomina o atual modelo de governança como um tipo de "extremo autoritário" que se esgotou e deve levar, por fim, a uma transição com três opções:

> **Neototalitarismo:** se houver um fracasso econômico com instabilidade social, o PCC pode optar por uma radicalização conservadora do regime, nos moldes da reação conservadora após 1989. Na visão de Shambaugh, tal opção não deve ter sucesso, em razão do tamanho do setor privado, das grandes liberdades que a população já goza e de um provável racha com elementos reformistas dentro do partido e do exército.

> **Autoritarismo "soft":** uma volta ao reformismo gradual que prevaleceu entre 1998 e 2008.

> **Semidemocracia:** a implementação de um modelo inspirado em Singapura, com o PCC sendo um partido de liderança nacional, mas permitindo certo grau de concorrência política e um judiciário independente.

---

6 Ver Shambaugh, 2016.

Para Shambaugh, a GCF levou o PCC a interromper o processo de reformas econômicas e políticas, privilegiando a questão da estabilidade dentro de uma "aposta dobrada" no modelo extensivo em investimentos. Com Xi Jinping houve, inicialmente, uma volta das reformas econômicas, mas junto com uma guinada conservadora e opressiva na política. Para Shambaugh, isso aponta para um processo de atrofia do regime, já que não será possível que a China se torne uma economia rica e tecnologicamente avançada com um regime político fechado e opressivo.

No entanto, independentemente dessas considerações políticas, qual tem sido o sucesso prático da China em mudar seu regime econômico?

REEQUILIBRANDO MAS AINDA SE ENDIVIDANDO

Em recente estudo,[7] o FMI reconhece o sucesso chinês em solucionar o que era visto como uma insustentável posição externa quando, antes da GCF, tinha superávits comerciais acima de 10% do PIB. Depois da GCF, houve o grande surto de investimentos. Assim, em um primeiro momento, trocou-se uma posição externa insustentável por uma interna insustentável. Para o FMI, manter essa estratégia levará a uma crise financeira, ou ao atoleiro do *middle income trap*.

Julgar o sucesso do reequilíbrio chinês requer medir o sucesso transacional em várias frentes: da demanda externa para a demanda interna, do investimento ao consumo, da indústria ao setor de serviços, e do endividamento excessivo ao financiamento via capital/ações com maior produtividade.

Olhando para um conjunto de indicadores, o estudo mostra que a China tem tido sucesso relevante em várias dimensões, mas ainda há muito o que fazer e vários riscos.

No caso do excesso de poupança e investimentos, vemos uma queda discreta na razão investimento/PIB e aumento de consumo, mas continua longe do que seria ideal — as taxas de investimento ainda superam 45%

---

7   Ver Longmei Zhang, *Rebalancing in China, Progress and Prospects*, IMF WP/16/183, setembro de 2016.

do PIB. Ao mesmo tempo, o nível de crédito em relação ao PIB continua a crescer, com a razão crédito/PIB acima de 200%.

O FMI vê mais sucesso na transição do lado da oferta da indústria para o setor de serviços, com a participação da indústria tendo atingido seu ápice em 2011.

Para o FMI, mudanças demográficas devem garantir uma queda gradual na taxa de poupança, o que deve, de forma endógena, aliviar o problema de excesso de investimentos e a intensidade do uso de crédito. Um reforço do processo de reformas econômicas pode levar a uma estabilização dos níveis de endividamento relativo nas projeções do Fundo.

Os últimos dados disponíveis, em relação a 2017, sugerem que, naquele ano, um crescimento de 6,9%, com um nível global de endividamento relativamente estável. Outro dado que traz razões para otimismo tem sido o crescimento relativo do setor de serviços, que em 2012 ultrapassou a indústria e em 2016 respondeu por 51,6% do PIB. Se esse surpreendente desempenho perdurar para os próximos anos, o que ainda não se pode afirmar, a China terá mais uma vez conseguido uma mudança de modelo sem passar por uma crise econômica, vencendo os prognósticos mais pessimistas.

XI JINPING E O NACIONALISMO CHINÊS

Já está claro que Xi Jinping é o mais poderoso líder chinês desde Deng Xiaoping. O que ficou evidente no recente Congresso do Partido que celebrou o quinto ano dele no poder, quando seus "pensamentos" e nome foram colocados na Constituição do PCC, uma honra reservada somente a Mao Tsé-Tung e Deng Xiaoping.[8] As mudanças na liderança feitas no Congresso também não apontaram, como seria esperado, um sucessor, levando muitos a especularem que Xi pretende ficar na liderança além dos dez anos esperados. Isso se confirmou no início de 2018 com o anúncio

---

8 Ver Chris Buckley, "China Enshrines '*Xi Jinping thought*'", Elevating Leader to Mao-Like Status", New York Times, 24 de outubro de 2017.

de que o comitê central do PCC estaria recomendando ao Congresso Nacional o fim do limite de dois mandatos consecutivos de cinco anos do presidente, cargo exercido pelo chefe do PCC.

O resumo de seus "pensamentos" está muito longe do tipo de virada reformista que David Shambaugh argumenta ser essencial para o sucesso futuro da China. Entre os pontos defendidos por Xi estão:[9]

- O "rejuvenescimento da Nação" como meta principal;
- O PCC manterá sua liderança sobre todas as atividades no país, inclusive a "liderança absoluta" sobre o Exército do Povo;
- Promover a "completa reunificação nacional" e estabelecer um "destino comum" para todo o povo chinês.

Assim, o "pensamento" de Xi, agora ideologia oficial do PCC, promove uma guinada nacionalista que tenta recolocar a China como a grande potência da Ásia[10] tanto em termos econômicos como militares, tendo o PCC como líder absoluto e inquestionável.

A decisão de potencialmente se declarar "presidente pelo resto da vida" também gerou intenso debate fora da China e muita censura internamente. Como sempre no caso da China, houve aqueles que viram na decisão um sinal claro de decadência do regime[11], mas também tiveram reações menos catastróficas,[12] reconhecendo a possibilidade de que uma

---

9 Ver Salvatore Babones, "The Meaning of Xi Jinping Thought: National Revival and Military Power", Foreign Affairs, 2 de novembro de 2017.

10 Daniel Lynch nota como o corpo diplomático de acadêmicos de relações exteriores na China tem apoiado uma postura externa mais agressiva e nacionalista, enquanto economistas no governo e na academia pregam uma postura mais conservadora devido aos problemas econômicos que a China ainda enfrenta. Ver Daniel C. Lynch, *China's Futures: PRC Elites Debate Economics, Politics, and Foreign Policy*, Stanford University Press, 2015.

11 Ver, por exemplo, Max Fisher, "Xi Sets China on a Collision Course With History", New York Times, 28 de fevereiro de 2018.

12 Ver, por exemplo, Mary Gallagher, "Does a Stronger Xi Mean a Weaker Chinese Communist Party?", New York Times, 2 de março de 2018.

concentração de poder seria necessária para executar as reformas frente a reações corporativistas dentro e fora do PCC.

A Questão Geopolítica

Recolocar a China como potência mundial, rivalizando com os EUA, tem grande ressonância histórica, dado o lugar central que a China teve por milênios em uma relativamente isolada Ásia. Mas vários analistas têm corretamente apontado o perigo geopolítico quando há uma possível transição de liderança entre um poder hegemônico estabelecido e um ascendente.

Vale aqui citar John Mearsheimer, da Universidade de Chicago:

> *A ascensão da China (...) tem o potencial de mudar de maneira fundamental a arquitetura do sistema internacional (...) o que deve ser quase certamente o evento geopolítico mais importante do século XXI (...) Se a economia chinesa continuar a crescer, tentará dominar a Ásia da mesma maneira que os Estados Unidos dominam o hemisfério ocidental. Os Estados Unidos, porém, vão fazer de tudo para impedir que a China atinja a hegemonia regional (...) O resultado será uma intensa concorrência com consideráveis chances de conflito armado.*[13]

> *A história demonstra claramente como os líderes americanos reagirão se a China tentar dominar a Ásia. Desde que se tornou uma grande potência, os Estados Unidos nunca toleraram concorrência entre pares. Como demonstrado durante o século XX, os Estados Unidos estão determinados a ser a única potência hegemônica regional (...) Em resumo, os Estados Unidos provavelmente devem agir em relação à China de forma semelhante à que agiu em relação à União Soviética durante a Guerra Fria.*[14]

---

13 John J. Mearsheimer, *The Tragedy of Great Power Politics*, W.W. Norton, 2014, p. 361-362. Tradução do autor.
14 Mearsheimer (2014), p. 383-384. Tradução do autor.

Notem que o evidente pessimismo de Mearsheimer com a questão tem mais a ver com o que ele julga ser a provável reação dos Estados Unidos do que com a tentativa de a China se colocar como potência principal em seu hemisfério.[15] Não haveria para Mearsheimer a possibilidade de um reconhecimento por parte dos Estados Unidos de que a China deveria ter um lugar de preeminência no hemisfério Asiático.[16]

Uma visão menos pessimista vem de Graham Allison, da Universidade de Harvard. Ele parte do princípio de que a relação China-Estados Unidos deve ser entendida dentro da bem conhecida dinâmica histórica, primeiro identificada pelo historiador grego Tucídides, em relação à guerra entre Esparta e Atenas no século V a.C.:

> *Enquanto outros identificaram um conjunto de causas para a guerra do Peloponeso, Tucídides identificou o cerne da questão. Quando ele enfatizou "a ascensão de Atenas e o medo que isso causou em Esparta", ele identificou a razão principal por trás de algumas das guerras mais catastróficas e enigmáticas da história. Independentemente de intenções, quando um poder ascendente ameaça deslocar o poder instituído, o resultante estresse estrutural faz da eclosão de um conflito uma regra, e não uma exceção.*[17]

Mas, reconhecendo que em geral esse tipo de rivalidade acaba em conflito armado, Allison oferece "12 pistas para a paz". Por exemplo: "Estados podem ser embutidos em instituições que constrangem seu comportamento." Ele até sugere que, no caso da rivalidade entre a dominante Inglaterra e o ascendente Estados Unidos, houve uma "oportunidade

---

15 Outra referência recente sobre a reação dos EUA a uma ascendente China seria Joseph S. Nye Jr., *In the American Century Over?*, Polity Press, 2015.

16 Outra visão pessimista acerca do futuro das relações EUA-China e a possibilidade de conflito militar está em Aaron L. Friedberg, *A Contest for Supremacy: China, America, and the Struggle for Mastery in Asia*, W.W. Norton, 2011.

17 Graham Allison, *Destined for War: Can America and China Escape Thucydides's Trap?*, Houghton Mifflin Harcourt, 2017.

perdida" de interferir a favor dos rebeldes sulistas na Guerra Civil para dividir — e assim enfraquecer — a nação americana.

Allison conclui que a ascensão chinesa "é uma condição crônica que tem que ser gerenciada por várias gerações", e analisa diversas opções sem chegar a apoiar nenhuma estratégia específica fora alguns princípios básicos para identificar qual seria a melhor estratégia para evitar um conflito armado.

É Só o Início

O que deveríamos pensar sobre o pessimismo externado por analistas como David Shambaugh ou Minxin Pei? Um cenário no qual uma derrocada do regime conduzisse a um período de volatilidade política e social certamente retardaria o progresso chinês. Apesar dos antecedentes, nada determina que a China de fato continue sua ascendência em nível global a ponto de se tornar um poder hegemônico. Basta lembrar das previsões errôneas nos anos 1980 de que o Japão tomaria o lugar dos EUA.

Portanto, acredito que há dois cenários mais prováveis que nos esperam em relação à China em termos geopolítico e econômico — reconhecendo que essas duas esferas estão internamente ligadas.

Se as iniciativas de Xi Jinping forem além de um mero projeto de poder pessoal, elas podem representar uma tentativa sistemática de empurrar as reformas necessárias sobre uma elite partidária e um setor privado refratários a reformas. Esses últimos se beneficiaram de uma estratégia de desenvolvimento, o modelo "Xangai" de *repressão do consumo*, que teve inegáveis sucessos, mas levou à corrupção sistêmica e a uma enorme concentração de renda. Se as reformas tiverem êxito, essa nova China provavelmente terá os recursos para se impor como poder dominante no hemisfério asiático. Se então os Estados Unidos decidirem não se "acomodar" a esse fato, podemos ver um conflito militar entre essas duas potências.

Se as reformas falharem, não seria provável que assistíssemos a uma mera volta ao *status quo ante*. A derrocada de Xi provavelmente abriria um flanco para forças progressistas e reformistas, em que sua atuação poderia levar a dois resultados distintos.

Um seria a "semidemocracia" imaginada por Shambaugh, algo se assemelhando a Singapura. Neste caso, teríamos provavelmente um regime disposto a se integrar mais ao sistema internacional, o que atenuaria o risco de um conflito militar com os EUA.

Outra possibilidade seria um regime mais próximo ao imaginado por Minxin Pei, nominalmente democrático, porém muito polarizado e ainda sofrendo as consequências de um *crony capitalism*. A China não apresentaria uma ameaça sistêmica aos EUA, mas ainda assim poderia se colocar como um país com poder de perturbar o sistema internacional.

Obviamente, essas são apenas três possibilidades entre muitas outras combinações. Mas acredito que englobam bem a questão de como reconhecer pontos positivos e negativos das iniciativas de Xi Jinping, levando em conta os possíveis méritos em suas políticas e iniciativas, apesar de sua postura política centralizadora. A única coisa que parece certa é que os próximos vinte anos na China serão tão, e muito provavelmente ainda mais, importantes para o mundo quanto as últimas décadas.

Tudo isso será importantíssimo para o Brasil. Como passamos as últimas décadas sem tomar nenhuma iniciativa de abrir nosso comércio, nos negando a negociar tratados com as maiores potências ocidentais, o que tem prevalecido nas nossas relações comerciais é uma adaptação passiva à nossa vantagem comparativa na produção de commodities. Isso tem naturalmente levado o país a ser cada vez mais dependente da China como grande consumidora de exportações, inclusive como fonte de investimentos diretos. Sem uma reorientação fundamental da nossa política comercial e externa, essa dependência deve aumentar ainda mais nos próximos anos, fazendo da China um dos dois principais fatores condicionantes da economia brasileira.

E Agora, Brasil?

Nosso trabalho de descrever a ascensão e queda da economia brasileira nos anos petistas está encerrado.

Ainda assim, gostaria de fazer algumas últimas considerações de "fundo". Enquanto acredito ter alguma base concreta para argumentar o que foi escrito acima, desde já admito que o que vem agora é altamente especulativo, parcial e limitado.

Tentei acima privilegiar explanações baseadas em fatos e relações estruturais, como a dupla dependência que temos com a China e os EUA, junto com explicações de decisões dos agentes e pessoas envolvidas, baseados no conjunto de incentivos que enfrentaram, notando como mudanças nesses incentivos podem mudar esse comportamento. Assim, tentei escapar do "personalismo" de muitas explicações, daquilo que coloca o caráter das pessoas (o que é visto como relativamente imutável) como fator explicativo.

Na parte econômica, coloquei fatores externos em primeiro plano, assim surgindo nosso mantra, *esqueçam Brasília*.

Mas e o Brasil? O que seriam essas condições de fundo que explicam o nosso "mau ajuste" e nossas múltiplas mazelas?

Ofereci uma observação em 2003, em meu livro *Globalização e Política*, que gostaria de citar aqui:

> *Até nas grandes transformações do meio do século passado (o século XX) (...) o Estado surge como grupo independente no jogo de repartição do excedente econômico (...) O que poderíamos chamar de sistema brasileiro vê sempre em formas diretas e indiretas de tributação da maioria a serviço de uma pequena minoria sua razão maior. Um sistema feito para ser tributado de forma selvagem necessariamente carece em crescimento e produtividade. Não sofrendo mudanças por falta de uma política interna ativa e contestadora, somente as crescentes pressões externas devido à secular falta de competitividade, eventualmente, forçam uma transição do*

> *sistema, assim levando o país, contra a vontade de sua elite, a mais uma vez se vincular (...) à economia global.*[18]

O que eu via em 2003, e ainda vejo como uma característica histórica do Brasil, seria que o Estado, com sua herança colonialista, se descola da sociedade como polo de "extração" de renda por meio de uma tributação "selvagem". Eventuais choques externos geram períodos de rearranjo dessas relações, mas sua lógica tem permanecido a mesma do Brasil colônia até os dias de hoje.

Vejo uma grande simetria entre minha visão de 2003 e a de Daron Acemoglu e James Robinson em seu magistral livro *Why Nations Fail*. Vale a pena citá-los:

> *A política é o processo pelo qual a sociedade escolhe as regras de governanças (...) Quando há conflito sobre o formato institucional, o que acontece depende de quais pessoas e grupos ganham o jogo político (...) Em resumo, quem ganha depende da distribuição de poder político na sociedade.*
>
> *Se a distribuição do poder é limitada e sem constrangimento, as instituições políticas são absolutistas (...) e aqueles que podem exercer esse poder terão a capacidade de montar instituições econômicas para se enriquecerem e aumentar seu poder às custas da sociedade.*[19]

Eles chamam sociedades com essas caraterísticas de "extrativistas". Acredito que ainda hoje o Brasil é uma sociedade extrativista na definição desses autores, e que as "pessoas e grupos" que se beneficiam desse "extrativismo" estão em grande parte dentro ou associados ao Estado. *Não é por acaso que o Brasil é o país emergente que tem a maior carga tributária e endividamento ao mesmo tempo.*

---

18 Volpon, 2003, p.52.
19 Daren Acemoglu, James A. Robinson, *Why Nations Fail? The Origins of Power, Prosperity and Poverty*, Crown Business, 2012, p.79-80. Tradução do autor.

Acredito que há um conjunto complexo de razões pelas quais, apesar da modernização e democratização política brasileira, ainda encontramos uma sociedade extrativista, com tudo que isso implica.

Não é aqui, e nem tenho a competência, que serão apresentadas as relações entre todas essas razões. Mas quero salientar uma que julgo ser extremamente importante.

Que seria exatamente o nosso "traço de cultuar o Estado como o fator mais importante da economia e da sociedade", para lembrar o que escrevi na introdução.

Após trinta anos de democratização, o que temos tido são diferentes partidos e governos argumentando sobre a melhor maneira de expandir o escopo do Estado. Mas, se o núcleo do "extrativismo" se encontra neste Estado, não há uma "melhor" maneira de expandir seu escopo. O que tem que ser feito é redimensionar esse Estado a favor da sociedade e do setor privado.

O que discutimos acima como *pragmatismo sob coação* acaba sendo um jogo socialmente danoso e perverso entre um Estado e os detentores das dívidas deste Estado. Lembrando (de novo) que dívida não é nada mais do que tributação futura, esse jogo se resume a definir o perfil e o custo da tributação da sociedade pelo Estado ao longo do tempo. Assim, um "ajuste fiscal" que não diminui o escopo e tamanho do Estado não muda nada de essencial nessa relação extrativista.

Portanto, acredito que nosso mantra, *esqueçam Brasília* — acaba tendo duplo sentido. Ele se refere à relação de fatores externos e domésticos, mas também aponta para o que pode ser um futuro mais próspero se pudermos esquecer Brasília e ver mais o Brasil.

Bibliografia

A. Bell, Daniel, *The China Model: Political Meritocracy and the Limits of Democracy*, Princeton University Press, 2015.

Acemoglu, Daren; Robinson, James A., *Why Nations Fail? The Origins of Power, Prosperity and Poverty*, Crown Business, 2012.

Adrian, Tobias; Shin, Hyun Song, "Procyclical leverage and Value-at-risk", NBER WP 18943, abril de 2013.

Allison, Graham, *Destined for War: Can America and China Escape Thucydides's Trap?* Houghton Mifflin Harcourt, 2017.

Alpert, Daniel, *The Age of Oversupply: Overcoming the Greatest Challenge to the Global Economy,* Portfolio/Penguin, 2013.

B. Gorton, Gary; Metrick, Andrew; Xie, Lei "The flight from maturity", NBER WP 20027, abril de 2014.

B. Gorton, Gary; Metrick, Andrew, "Who ran repo?", NBER WP 18455, outubro de 2012.

Baldaci et al., "How effective is fiscal policy response in systemic banking crises?", IMF WP 09/160, julho de 2009.

Baldwin, Richard E.; Martin, Philippe, "Two waves of globalization: Superficial similarities, fundamental differences", NBER WP 6904, janeiro de 2009.

Bank of England, "Money creation in a modern economy", *Bank of England Quarterly Bulletin*, março de 2014.

Baum et al., "Fiscal multipliers and the state of the economy", IMF WP 12/286, dezembro de 2012.

Blanchard, Olivier, "Fiscal dominance and inflation targeting: Lessons from Brazil", NBER WP 10389, março de 2004.

Bogdanski, Joel; Tombini, Alexandre; Werlang, Sergio, "Implementing inflation targeting in Brazil", BCB WP, julho de 2000.

Borio, Claudio, "The financial cycle and macroeconomics: what have we learnt?" BIS WP 395, dezembro de 2012.

Borio, Claudio; James, Harold; Song Shin, Hyun, "The international monetary and financial system: a capital account historical perspective", BIS WP 457, agosto de 2014.

Borio, Claudio; Zabai, Anna, "Unconventional monetary policies: a re-appraisal", BIS WP 570, julho de 2016

Brainard, Lael; Martinez-Dias, Leonardo (Editors), *Brazil as an Economic Superpower? Understanding Brazil's Changing Role in the Global Economy,* Brookings Institution Press, 2009.

Brainard, William C., "Uncertainty and the effectiveness of policy", American Economic Review, Vol. 57, Number 2, maio de 1967.

Brender, Anton; Pisani, Florence, *Globalized Finance and Its Collapse*, Edition La Decouverte, 2010.

Bulmer-Thomas, Victor, *The Economic History of Latin America Since Independence* (3rd edition), Cambridge University Press, 2014.

Campello, Daniella, *The Politics of Market Discipline in Latin America: Globalization and Democracy,* Cambridge University Press, 2015.

Cavalcanti, Marco Antonio F. de H., et al., "Impactos macroeconômicos do choque fiscal de 2015: a regularização de despesas públicas não contabilizadas", Ipea, Texto para Discussão 2394, julho de 2018.

Davies, James C., "Toward a theory of revolution", American Sociological Review, Vol. 27, fevereiro de 1962.

E. Baldwin, Richard; Martin, Philippe, "Two waves of globalization: Superficial similarities, fundamental differences", NBER WP 6904, janeiro de 2009.

Forbes, Kristin, "Global economic tsunamis: Coincidence, common shocks or contagion?", Speech given at the Imperial College, London, 22 de setembro de 2016, Bank of England.

Friedberg, Aaron L., *A Contest for Supremacy: China, America, and the struggle for mastery in Asia,* W.W. Norton, 2011.

Gallagher, Kevin P.; Porzecanski, Roberto, *The Dragon in the Room: China and the Future of Latin American Industrialization,* Stanford University Press, 2010.

G. Rajan, Raghuram, *Fault Lines: How Hidden Fractures Still Threaten the World Economy,* Princeton University Press, 2010.

Gordon, Robert, *The Rise and Fall of American Growth: The US Standard of Living Since the Civil War,* Princeton University Press, 2016.

Hobsbawm, Eric, *Era dos extremos: o breve século XX 1914-1991,* Companhia das Letras, 1995.

Huang, Yasheng, *Capitalism with Chinese Characteristics: Entrepreneurship and the State,* Cambridge University Press, 2008.

Barro, Robert; B. Gordon, David, "Rules, discretion and reputation in a model of monetary policy", *Journal of Monetary Economics,* Vol. 12, 1983.

J. Mearsheimer, John, *The Tragedy of Great Power Politics,* W.W. Norton, 2014.

Koo, Richard, *Balance Sheet Recession: Japan's Struggle With Uncharted Economics and Its Global Implications,* John Willey & Sons, 2003.

Koo, Richard, *The Holy Grail of Macroeconomics: Lessons From Japan's Great Recession,* Wiley & Sons, 2009.

L. McKinnon, Ronald, *The Unloved Dollar Standard: From Bretton Woods to the Rise of China,* Oxford University Press, 2013.

Laidler, David, *Fabricating the Keynesian Revolution: Studies of the Interwar Literature on Money, the Cycle and Unemployment,* Cambridge University Press, 1999.

Lederman, Daniel et al., *China's and India's Challenge to Latin America: Opportunity or Threat?,* The World Bank, 2009

Lee et al., "Investment in China: Too much of a good thing?" in Singh et al., *China's Economy in Transition,* IMF, 2013.

Lim, Jamus Jerome et al., "Tinker, taper, QE, Bye? The effect of quantitative easing of financial flows to developing countries", The World Bank, janeiro de 2014.

Loyo, Eduardo, "Tight money paradox on the loose: A fiscalist hyperinflation", Kennedy School of Government, junho de 1999.

Lynch, Daniel C., *China's Futures: PRC Elites Debate Economics, Politics, and Foreign Policy,* Stanford University Press, 2015.

M. Reinhart, Carmen; S. Rogoff, Kenneth, *This Time is Different: Eight Centuries of Financial Folly,* Princeton University Press, 2009.

Mian, Atif; Sufi, Amir, *House of Debt: How They (and You) Caused the Great Recession, and How We Can Prevent It from Happening Again*, Chicago University Press, 2014.

Minsky, Hyman, *Estabilizando uma economia instável*, Novo Século, 2010.

Mishkin, Frederic S., *Monetary Policy Strategy*, MIT Press, 2007.

Naughton, Barry, *The Chinese Economy: Transitions and Growth*, The MIT Press, 2007.

Nordvig, Jens, *The Fall of the Euro: Reinventing the Eurozone and the Future of Global Investing*, McGraw Hill, 2014.

Nye Jr., Joseph S., *Is the American Century Over?*, Polity Press, 2015.

Obstfeld, Maurice; Rogoff, Kenneth, "The Unsustainable US Current Account Deficit Revisited", NBER WP 10869, novembro de 2004.

P. Dooley, Michael; Folkerts-Landau, David; Garber, Peter, "An essay on the revived Bretton Woods System", NBER WP 9971, setembro de 2003.

Pei, Minxin, *China's Crony Capitalism: The Dynamics of Regime Decay*, HUP, 2016.

Pettis, Michael, *Avoiding the Fall: China's Economic Restructuring*, Carnegie Endowment for International Peace, 2013.

Pressad, Eswar, *The Dollar Trap: How the US Dollar Tightened Its Grip on Global Finance*, Princeton University Press, 2014.

Rey, Hélène, "Dilemma not trilemma: The global financial cycle and monetary policy independence", NBER WP 21162, fevereiro de 2018.

R. Kroeber, Arthur, *China's Economy: What Everyone Needs to Know*, Oxford University Press, 2016.

Ross Sorkin, Andrew, *Too Big to Fail*, Viking, 2009.

S. Bernanke, Ben, "The Global Savings Glut and the U.S. Current Account Deficit", Federal Reserve Board Speech, março de 2005.

S. Blinder, Alan, *Central Banking in Theory and Practice*, MIT Press, 1998.

S. Blinder, Alan et al., "Central Bank Communication and Monetary Policy: A survey of theory and evidence", DNB Working Paper 170, abril de 2008.

S. Blinder, Alan, *After the Music Stopped: The Financial Crisis, the Response, and the Work Ahead*, Penguin Press, 2013.

Safatle, Claudia; Borges, João; Oliveira, Ribamar, *Anatomia de um desastre: os bastidores da crise econômica que mergulhou o país na pior recessão de sua história*, Portfolio Penguin, 2016.

Sargent, Thomas; Walace, Neil, "Some unpleasant monetarist arithmetic", Federal Reserve Bank of Minneapolis Quarterly review, outono de 1981.

Sargent, Thomas, "Comment: Policy rules for open economies", in *Monetary Policy Rules*, ed. John Taylor, Chicago University Press, 1999.

Shambaugh, David, *China's Communist Party: Atrophy and Adaptation*, University of California Press, 2008.

Shambaugh, David, *China's Future*, Polity Press, 2016.

Steil, Benn, *The Battle of Bretton Woods: John Maynard Keynes, Harry Dexter White, and the Making of a New World Order*, CFR-PUP, 2013.

Svensson, Lars, "Inflation forecast targeting: Implementing and monitoring inflation targets", *European Economic Review*, Vol. 41, junho de 1997.

Villaverde, João, *Perigosas pedaladas: os bastidores da crise que abalou o Brasil e levou ao fim do governo Dilma Rousseff*, Geração, 2016.

Volpon, Tony, *A globalização e a política: de FHC a Lula*, Editora Revan, 2003.

Volpon, Tony, "Brazil: Dilma's first '100 days'", Economic Research, Nomura Securities International, 25 de agosto de 2010.

Volpon, Tony, "Brazil: What will Dilma do? Look to China", Economic Research, Nomura Securities International, 23 de novembro de 2010.

Volpon, Tony, "Brazil: Looking for a bubble in Brazil? You will find it in the labor market", Country Views, Nomura Securities International, 13 de julho de 2011.

Volpon, Tony, "Brazil: abandoning the 'tripod'?", Country Views, Emerging Market Research, Nomura Securities International, 25 de agosto de 2011.

Volpon, Tony, "Brazil: Comparatively disadvantaged", EM Special Topic, Nomura Securities International, 26 de agosto de 2011.

Volpon, Tony, "Who 'killed' Brazilian industry?" Country Views, Nomura Securities International, 9 de maio de 2012.

Volpon, Tony, "Brazil's monetary policy challenge", discurso do diretor de Assuntos Internacionais, Londres, 17 de junho de 2015, Banco Central do Brasil.

Volpon, Tony, "Uncertainty and monetary policy", discurso do diretor de Assuntos Internacionais, Nova York, 20 de agosto de 2015, Banco Central do Brasil.

Volpon, Tony "The emerging market crisis of 2015 or the third stage of the global financial crisis", discurso do diretor de Assuntos Internacionais, Nova York, 5 de novembro de 2015, Banco Central do Brasil.

Volpon, Tony, "Perspectivas e riscos para a política monetária brasileira", discurso do diretor de Assuntos Internacionais, Rio de Janeiro, 17 de março de 2016, Banco Central do Brasil.

Volpon, Tony, "Tsunami Monetário — Ciclos monetários internacionais e desafios para a economia brasileira", Banco Central do Brasil, Trabalho para discussão 423, março de 2016.

Volpon, Tony, "Latin American Economic Perspectives: Two crises, two results", UBS Global Research, 4 de junho de 2017.

Woodford, Michael, *Interest and Prices: Foundations of a Theory of Monetary Policy*, Princeton University Press, 2003.

Wolf, Martin, *Fixing Global Finance,* Johns Hopkins University Press, 2010.

Zhang, Longmei, *Rebalancing in China, Progress and Prospects*, IMF WP/16/183, setembro de 2016.

Zhang, Zhiwei, "China's heavy LGFGV burden", Nomura Global Economic Research, 2013.

Índice

A

ABCP (asset-backed comercial paper), 96–104
ABS (asset-backed securities), 86–88, 95–104
Adam Smith, 25
AIG, 99
Alan Greenspan, 93
Alan S. Blinder, 99–104, 165–172
Alexandre Tombini, 127, 163
Amir Sufi, 100
A morte da distância, 42
Âncora, 26
    cambial, 29
    nominal, 26
Andrew Ross Sorkin, 98–104
Anos dourados, 42
Anton Brender, 84–88
Arthur R. Kroeber, 40–44, 190
Ataque especulativo, 11–18
Atif Mian, 100
Autonomia operacional, 163

B

Balance sheet recession, 108
Banco Central, 49, 51, 128, 134, 146, 158, 166, 174
Banco Central do Povo Chinês, 39–44, 81, 82, 82–88
Banco do Povo, 84–88
Banco Central Europeu, 88
Banco Mundial, 74
Bank of America, 97
Bank of England, 166
Barry Naughton, 37–44
Bear Stearns, 96, 98
Ben Bernanke, 68, 79–88
Bill Clinton, 75
Bolha da internet, 8
Boom, 19
    boom imobiliário, 50
    boom lulista, 49, 102, 169
Brady Plan, 64
Bretton Woods, 14, 24, 25, 28, 29
    Conferencia Bretton Woods, 15
    novo Bretton Woods, 91
BRICS, 56, 121

C

Cadeia de risco, 84
Câmbio, 10–18
"Camisa de força" da IFT, 163
Canal de risco, 116
Carmen Reinhart, 110
Carry trade, 85, 86, 89, 93
Carta ao povo brasileiro, 8
CDS (credit default swaps), 83–88
Choques, 107
    cíclicos, 108
    informacionais, 171, 174
Ciclos financeiros, 82
"Classe média" de trabalhadores, 25
Claudio Borio, 87–88
Competitividade externa da economia, 10
Condições financeiras internacionais, 13
Crash, 70
    da Nasdaq, 70
    dilmista, 102
Crescimento do potencial econômico, 107
Crise, xvi–6, 10–18, 21
    asiática de 1997, 21, 61, 64
    do Euro, 112
    russa de 1998, 64
    soberana europeia, 128
Cross border, 97
Cruzamento macroeconômico global, 66
Currency board, 9

D

Daniel A. Bell, 192
Daniel Alpert, 66–72
Daron Acemoglu, 204–222
David Folkerts-Landau, 91–104
David Gordon, 162
David Laidler, 25–30
David Ricardo, 25
David Shambaugh, 39–44, 191, 195–222, 198
Demanda, 11
    agregada, 11
    externa, 11
Deng Xiaoping, 31, 35, 197
Depressão, 100
Desequilíbrios, 66
    fiscais, 172
    globais, 33, 66, 88, 121
    monetários, 152
Destruição de riqueza, 141, 178
Desvalorização, 10
    cambial, 10
    nominal, 10
    real, 10
Dilma Rousseff, 125, 135, 152
Direito de uso, 194
Dominância fiscal, 175, 177, 180
Donald Trump, 103

E

Economia clássica, 25
Efeito, 45
    pobreza, 143
    renda, 56
    riqueza, 45, 48, 60, 100, 102, 115, 134, 141, 186
Eletrobrás, 144
Empresas de vilarejo, 38
Eric Hobsbawn, 23
Espiral desinflacionário, 109
Estabilidade
    estabilidade financeira, 11
    estabilidade política, 11
Estado de "dominância fiscal", 166
Estelionato eleitoral, 5, 13, 151, 152
Eswar Prasad, 66
Expansionary austerity, 171

F

Fábrica do mundo, 26
Fed, 30, 68–72, 166
Federalismo competitivo, 38
FIES, 170
Florence Pisani, 84–88
FMI, 8, 66, 111, 123, 134, 196
Forward guidance, 93, 116, 160
Fragilidade, 9
    financeira sistêmica, 23
    fiscal, 9
Francois Mitterrand, 112
Frederic S. Mishkin, 165–172

G

G-20, 125
Gary Gorton, 95
George W. Bush, 75
Globalização, 103
Goldman Sachs, 56
Gordon H. Hanson, 74–88
Governo Temer, 186
Graham Allison, 200–222
Grande, 20
    Crise Financeira, 20, 24, 90, 120
    Depressão, 20, 27, 71, 75, 102, 106
    Moderação, 21, 32
    Recessão, 33, 100, 125, 134, 142, 150, 163, 187
Grande Crise Financeira (GCF), 33, 37, 42, 61, 63, 66, 74, 80, 82, 86, 90, 100, 106–118, 107, 121, 189, 196
Great Society, 24, 28
Greve dos caminhoneiros, 144
Guerra, 35, 62
    do Vietnam, 28
    Fria, 35

H

Harold James, 87–88
Hedge funds, 87
Henrique Meirelles, 186

Housing Enterprise Safety and
   Soundness Act, 75-88
Hyman Minsky, 91
Hysteresis, 108
Hyun Song Shin, 82-88, 87-88

I

Impulso fiscal negativo, 111
Inflação implícita, 180
Inflation forecast targeting, 59, 151, 161
Instituto de Pesquisa Econômica Aplicada (Ipea), 171-172

J

James C. Davies, 104
James Robinson, 204-222
Jiang Zemin, 39
Joaquim Levy, 10, 153, 157, 170, 186
John Maynard Keynes, 25-30, 26, 48-60, 78-88
John Mearsheimer, 199-222

K

Kenneth Rogoff, 66, 110
Kevin P. Gallagher, 74-88

L

Lael Brainard, 120-132
Lars Svensson, 161-172
Leading small groups, 191

Lehman Brothers, 1, 96
Leninismo consultativo, 192, 193
Leonardo Martinez-Diaz, 120-132
Libor - taxa de financiamento dos bancos, 96-104
Longmei Zhang, 196-222
Luiz Inácio Lula da Silva, 8
Lula, 8-18
Lyndon Johnson, 24, 28

M

Maiguan Maiguan, 194
Mao Tsé-tung, 35, 197
Marcos Lisboa, 10
Mario Henrique Simonsen, 50
Martin Wolf, 64, 70
Maurice Obstfeld, 66
MBS (mortgage-backed securities), 86-88, 93-104
Mercado financeiro, 9-18, 22-30, 46-60, 80-88
Merrill Lynch, 97
Michael P. Dooley, 91-104
Michael Woodford, 161-172
Milagre econômico, 46
Minxin Pei, 193
Modelo Xangai, 31, 36, 61, 193, 201
Money market funds, 94, 96, 96-104, 97
Movimentos cíclicos da economia, 107

Mundo econômico, 20
  bipolar, 20
  unipolar, 20

N

Nate Silver, 103–104
New Deal, 75, 103
Nível do câmbio, 10
Nixon, 29
NME, 134, 143, 150, 152, 157, 164, 170, 184
Nomura, 2
Nova Matriz Econômica (NME), 47, 128, 133, 141

O

OIS - derivativo que mede a expectativa do mercado com a taxa fed funds, 96–104
Operação quadrangular, 146
Organização Mundial do Comércio (OMC), 40, 46
Ownership Society, 75–88

P

II Plano Nacional de Desenvolvimento, 63
Padrão monetário internacional, 13, 28
Paradas súbitas, 55
Partido Comunista da China (PCC), 35, 190
Partido dos Trabalhadores (PT), 8
Pedaladas fiscais, 146, 171
Peter Garber, 91–104
Plano Real, 46
Política de flutuação cambial, 29
Ponte para o futuro, 186
Pós-guerra, 28–30
Posição fiscal, 110
Postura fiscal expansionista, 109
Praça Tiananmen em 1989, 31, 36, 39
Pragmatismo sob coação, 149, 151, 153, 165, 186, 205
Primeira Guerra, 30

Q

Quantitative easing (QE), 114

R

Raghuram Rajan, 75
Raymond Robertson, 74–88
Repos (repurchase agreements), 96–104
Repressão ao consumo, 32, 34, 41, 42, 62, 65, 90, 121, 189, 201
Retornos marginais decrescentes, 122
Revolução Cultural, 35
Richard Koo, 108
Richard Nixon, 26
Risco, 22, 58

de crédito residual, 22, 33, 80, 85, 90, 97
inflacionário, 49
RMB, 135–150, 152–172
Robert Barro, 162
Robert Gordon, 26

S

Segunda Guerra Mundial, 13–18, 25–30, 43–44, 102–104
Selic, 49–60, 77–88, 125–132, 160–172, 174–184
Shadow banking, 22, 73, 80, 86, 90, 96
Shanghai growth model, 40
Sidnei Corrêa, 182
Sistema especulativo, 92
Southern Tour, 39, 40
Spread, 49–60
Structured investment vehicles (SIVs), 87
Subprime, 74–88

T

Taper tantrum, 147
Taxa cambial competitiva, 11
Teoria Geral, 25
Thomas Sargent, 177–184
Tobias Adrian, 82–88

Total social financing (TSF), 122
Treasuries, 85–88
"Tripé" de estabilidade fiscal, 47
Trump, 62

U

UBS, 2–6

V

Vale, 57
Via Dupla, 31, 36, 37, 41
Victor Bulmer-Thomas, 149–150

W

Walter Bagehot, 95
William Brainard, 177

X

Xi Jinping, 191, 193

Y

Yasheng Huan, 40

Z

Zeitgeist intervencionista, 127
Zhiwei Zhang, 123–132
Zona Franca, 38
Zonas econômicas especiais, 38

CONHEÇA OUTROS LIVROS DA ALTA BOOKS

Negócios - Nacionais - Comunicação - Guias de Viagem - Interesse Geral - Informática - Idiomas

Todas as imagens são meramente ilustrativas.

SEJA AUTOR DA ALTA BOOKS!

Envie a sua proposta para: autoria@altabooks.com.br

Visite também nosso site e nossas redes sociais para conhecer lançamentos e futuras publicações!
www.altabooks.com.br

/altabooks ▪ /altabooks ▪ /alta_books

ALTA BOOKS
EDITORA

Esta obra foi produzida nas
oficinas da Imos Gráfica e Editora na
cidade do Rio de Janeiro